I0839554

Giulia Marcandalli

FICHI, PANE E RABBIA
Risvegliarsi in Palestina il 7 ottobre

*Alla mia famiglia e ai miei amici
che mi hanno aspettata con ansia.*

*A tutti coloro che ho incontrato,
che mi hanno protetta
e mi hanno accolta come una figlia.*

*A tutti i palestinesi e tutti gli israeliani che sono rimasti.
A chi resiste.*

Anno 2024
Ed. Luca Marcandalli

Indice

Introduzione

Avevo portato con me un quaderno bianco e una matita ben appuntita per raccogliere storie e ricette palestinesi. Non vedevo l'ora di far assaggiare un po' di Palestina alla mia famiglia e ai miei amici. Sono un'appassionata di cucina e di viaggi in terre contaminate da culture differenti, la Palestina mi stava aspettando da anni, culla delle tre più grandi religioni monoteiste, Gerusalemme è una città dove convivono credo differenti dai sapori unici e contrastanti.

Avevo trovato un progetto di volontariato in una fattoria che sorge su una collina tra Betlemme e Hebron, nel mezzo dei territori palestinesi occupati, nel cuore dell'Area C in West Bank. Ero alla ricerca di storie di resistenza, una resistenza non violenta che con costanza e resilienza protegge i frutti della sua terra.

Perché resistere è coltivare la terra e i primi partigiani sono i contadini. Mettere a dimora un seme significa scommettere che tra sei mesi, o un anno che sia, tu sarai ancora con i piedi su quel fazzoletto di terra a raccogliere i frutti del tuo tempo e del tuo impegno.

Pianteresti mai un campo di ulivi se sapessi che tra qualche mese su quello stesso campo costruiranno un grattacielo?

Coltivare è un po' come una storia d'amore, ma di quelle vere. Quelle storie d'amore che nascono all'improvviso, nelle quali ti metti a nudo in balia dei sentimenti e delle emozioni, senza sapere se sarà la storia della tua vita o una cotta estiva come le altre.

In Palestina coltivare la terra è la scommessa più grande, è come quando ti ritrovi in una storia d'amore ma ad un certo punto ti diagnosticano un cancro, uno di quelli che non sai se ti lascerà scampo. A quel punto puoi nasconderti e cercare di proteggere la tua parte più emotiva, oppure puoi amare lo stesso, sbattendotene, ma soprattutto lottando per quello che sarà.

Perché, quando ami forte, non ne puoi fare a meno.

Io amo forte e non posso fare a meno di mettermi su quel volo. Parto il 30 settembre con il mio quaderno di carta, tanta energia e un po' di paura.

Rientro in fretta e furia l'8 ottobre dopo un paio di giorni tra missili e sirene antiaereo.

È un racconto personale senza pretese di spiegazioni geopolitiche o storiche, alcuni nomi sono di fantasia perché non mi piace attribuire parole e pensieri a persone che non mi hanno dato il loro esplicito consenso, e il consenso di alcuni di loro mi è stato impossibile da reperire. Ho cercato di essere più fedele possibile, nei limiti del turbinio di emozioni che spesso mi hanno colta alla sprovvista. I fatti sono completamente reali e le emozioni sincere.

Inondata dal profumo d'incenso

Un'ondata violenta di profumo di incenso mi travolge e mi dà il benvenuto non appena metto il naso nel Suq della Gerusalemme vecchia. Baklava, spezie, pane fresco, succo di melograno, profumo di caffè e cardamomo. So già che in qualunque altro momento della mia vita riproverò queste sensazioni, mi riporteranno immediatamente qui. Mi fermo, chiudo gli occhi, e respiro a pieni polmoni. Voglio immagazzinare più aria possibile, trattenere in me un po' di questi profumi.

Si possono fotografare scorci, volti e a volte perfino emozioni, ma le sensazioni e gli odori no. Forse sono così preziosi proprio perché vengono gelosamente custoditi dalla parte più ancestrale del nostro cervello, quella legata alle emozioni profonde, ed è lì che vengono protette chiuse in uno scrigno, ma che possono tornare fuori all'improvviso, quando meno te l'aspetti.

Sono entrata dalla porta di Damasco e mi sono fatta trasportare dalla corrente. Oggi è sabato, e per gli ebrei è festa, è Sabbath. Non possono lavorare, nessun tipo di lavoro. Non si guida, non si cucina, non si prende l'ascensore. Sono tutti riversati in strada con i loro numerosissimi figli al seguito. Volti pallidi, cappelli improbabili, treccine che spuntano dalle tempie, vestiti neri lucidi e camicie bianche immacolate al di sotto. Sembra che il tempo si sia fermato a qualche secolo fa. Nei budelli del Suq della Gerusalemme vecchia sfilano fianco a fianco a donne islamiche avvolte nei loro Hijab che vanno a comprare frutta e verdura per preparare il pranzo di una giornata ordinaria. Per loro era ieri il giorno sacro, venerdì. Oggi i ristoranti Kosher, così come tutti i negozi ebraici sono chiusi, Gerusalemme è tenuta viva da chi prega Maometto e Gesù Cristo.

Tra un gruppo di ebrei ultraortodossi in festa e un gruppo di donne islamiche impegnate nella loro quotidianità, compaiono alcune suore e qualche prete che con i loro microfoni guidano gruppi di cattolici in visita nella Terra Santa.

Sono nella terra delle tre più grandi religioni monoteiste, sono nel Suq dove tutti si sfiorano e camminano fianco a fianco. Il venerdì è sacro per i mussulmani, il sabato per gli ebrei e la domenica per i cattolici. È come se ci fosse una sorta di staffetta delle festività che permette a tutti di gioire della propria festa in famiglia, mentre gli altri mantengono l'omeostasi precaria di una città sempre in fermento. Fanno sì che ognuno possa vivere la propria festività assaporando ogni volta il pane fresco appena sfornato.

Gerusalemme è una città contesa, sacra per gli ebrei, per i cristiani e per i mussulmani. In realtà la mia impressione è che la convivenza sia armonica, che l'esistenza di una religione non stia emarginando l'altra, che l'Hummus e il Babaganoush si possano mangiare insieme. Il Muro del Pianto, il Santo Sepolcro, la Moschea di Al-Aqsa, un pot-pourri di luoghi sacri, mete di pellegrinaggi e devozioni che mi manda in fibrillazione. Ma mi conosco, questi luoghi ricchi di contaminazioni e intrecci culturali sono i miei posti preferiti e tendo sempre a idealizzarli.

La città vecchia è suddivisa in quattro quartieri non nettamente separati tra loro; il quartiere ebraico, quello cristiano, quello mussulmano e quello armeno. Io sinceramente mi sono fatta trasportare e ho colto qualche indizio qua e là riguardo il quartiere in cui mi trovassi, ma nulla di netto.

Arrivo alla fine del budello, esco dalla porta di Jaffa e mi metto seduta sui gradini a guardare la gente che passa. Mi piace farlo, mi piace immaginare le storie delle persone che mi passano davanti. Mi piace fermarmi e vivere nel momento, so che probabilmente quelle persone non le rivedrò mai più, e ognuna di loro può raccontarmi un pezzo della storia di quella città. Il ragazzino che vuole vendermi la pannocchia, il signore anziano che siede al mio fianco che mi scruta con aria diffidente, la signora appena dentro la porta che sfoggia orgogliosa le sue pagnotte lucide perfettamente adornate dai semi di sesamo. Qui fuori arriva più diradato il profumo di incenso che viene sovrastato dall'odore di benzina, e il vociare della gente viene parzialmente soffocato dal Muezzin di mezzodì.

❀❀❀

Ripenso a Summer e Fanny, le due ragazze con le quali ho fatto colazione stamattina in ostello. La prima è una ragazza cinese di Shanghai, la seconda una ragazza afroamericana del Texas. A quel tavolino di Gerusalemme si sono intrecciate tre storie di donne in viaggio da sole, ognuna originaria di un continente diverso, ognuna già sparsa per angoli opposti di una terra frammentata. Una delle mie voci preferite, Michela Murgia, diceva che le strade sicure le fanno le donne che le attraversano, e noi tre ci stiamo provando. Questa colazione mi è stata di gran conforto, scambiare due chiacchiere con donne come me mi ha fatto sentire un po' più tranquilla, mi ha fatto sentire compresa.

Ma purtroppo il timore reverenziale che ho per questa Terra mi sta facendo muovere con i piedi di piombo, avrei voluto raccontarle per filo e per segno dove avrei trascorso le due settimane successive, ma qui è un campo minato. Ho dei checkpoint da superare, e ho come l'impressione che Israele mi tenga d'occhio. Quindi mi limito a dire che le prossime due settimane le avrei passate in West Bank, ovvero in Cisgiordania. Sarei stata a Betlemme qualche giorno, poi avrei valutato il da farsi. Razionalmente penso sia stupido, non credo che allo Shin Bet, i servizi segreti interni israeliani, freghi nulla di cosa andrà a fare una comune trentenne Europea in West Bank. Ma la sensazione è che abbiano tutto sotto controllo, e che tra tre settimane in qualche modo dovrò rispondere per filo e per segno di ogni mia singola azione qui. Per cui penso che meno persone sappiano, meglio è.

Ieri pomeriggio dopo ore di coda ai controlli mi hanno chiesto in maniera dettagliata del perché fossi lì, dove avrei trascorso il mio soggiorno, il nome e persino la professione di mio padre. Mi hanno fatto sudare quel foglietto verde che mi ha permesso l'ingresso in questa sorta di stato Grande Fratello. Lo sguardo dell'ufficiale in aeroporto mi fissava severo, come a farmi percepire che, se avessi raccontato storielle, se ne sarebbe accorto prima di me. Ma sono dentro, e sono qui con la forza dei giusti, con la consapevolezza di non voler fare nulla di male, con la voglia matta, che negli anni è diventata quasi necessità, di capire come si possa vivere in certi contesti. Il bisogno di conoscere le strade della resistenza non violenta, di ritrovare frammenti di storie che in parte mi possano far conoscere mio nonno da giovane. Partigiani che resistono, che non se ne vanno, che non si arrendono ad una vita sempre più complicata.

La forza della curiosità o forse il richiamo irresistibile del sapore della libertà mi ha spinto a prenotare un volo per Tel Aviv da sola. Non viaggio sempre sola, anzi, sono una grande estimatrice della condivisione, ma negli anni ho imparato che se voglio condividere tanto, tutto, con le persone che incontro per strada, devo andare da sola. Non che sia meglio o peggio, semplicemente un modo specifico di viaggiare. Quando viaggio in coppia, o con amici, la mia attenzione è sempre divisa tra chi incontro e chi è con me, è un modo di conoscere il contesto in cui sto viaggiando e di rafforzare il legame con le persone con cui sto viaggiando. Ma questa volta volevo essere concentrata solo su una cosa, volevo che le mie orecchie e miei occhi fossero lì solo per chi avrei incontrato. Così ho prenotato l'andata per il 30 settembre e il volo di ritorno per il 22 ottobre, mi sono messa a studiare la cultura e le tradizioni, dove potevo andare e come potevo muovermi. Ho letto libri, ascoltato Podcast, raccolto informazioni su situazioni di cautela. Nei mesi prima mi sono immersa nel mondo di Israele e della Palestina, e più scoprivo più mi intrigava.

Ho contattato Laura, corrispondente italiana di *Tent of Nations*, una fattoria sita nell'Area C dei territori palestinesi occupati, nel *West Bank*.

Era una sera di luglio, il sole era già calato ma il caldo non mollava. Io e Laura abbiamo passato ore al telefono, mi ha raccontato la vita quotidiana in fattoria, cosa aspettarmi e a cosa fare attenzione. Sarei arrivata poco prima della raccolta delle olive… era pieno di lavoro quel periodo.

I periodi prima di un viaggio, i mesi in cui studio e mi informo per arrivare pronta, creano in me una miscela di adrenalina, paura, curiosità e fermento che credo siano tra quelle sensazioni alle quali non riesco a rinunciare. Non so che problema possa essere, che nome abbia questa malattia, ma per me è una sorta di attrazione inevitabile. La ricerco sempre e comunque, ad ogni costo.

Falafel tondi fritti alla fermata dello sherut, Betlemme

Gerusalemme è stata solo una tappa intermedia, ci tornerò, adesso devo raggiungere Betlemme e da lì la mia destinazione finale. Ho delle indicazioni riguardo ai mezzi da prendere ma devo stare particolarmente attenta, questo tratto di strada che collega Gerusalemme a Betlemme, mi porta da Israele alla Palestina. Ci sarà un checkpoint da superare, ma non tutti i mezzi sono autorizzati ad attraversarlo. Ci sono taxi e autobus che arrivano fino al checkpoint e ti scaricano; a quel punto, tu devi attraversare il checkpoint a piedi e poi cercare un altro mezzo palestinese che ti porti a destinazione. Se invece trovi il mezzo giusto, quello autorizzato, ci passa attraverso e ti porta direttamente in città, nel cuore della Palestina.

Io stavo cercando il bus 231, era l'unico di cui sapessi che portasse direttamente in centro a Betlemme. Vago un po' perché ci sono molte fermate ma sono un po' confusa sulla direzione verso cui debba andare; quindi chiedo a un poliziotto che molto gentilmente mi spiega tutte le opzioni che ho e mi consiglia di andare verso la stazione centrale dei pullman. Ricarico il mio zaino sulle spalle e mi incammino verso la lunga discesa della strada principale di Gerusalemme, in fondo alla quale, dovrebbe esserci la stazione centrale.

Sono in viaggio da sola, ma non ho paura. Sento addosso la strana fibrillazione di assoluta libertà, è inebriante. Non capisco se la mia mente stia cercando di tutelarmi o se l'adrenalina che mi pompa in corpo da ieri non riesca a fare a meno di scorrere nelle mie vene. Sono su di giri. Man mano che mi incammino inizio a vedere sulla sinistra cupole e capannoni che lasciano intendere si tratti proprio della stazione dei bus, si inizia a vedere un particolare va e vieni di gente, pullman, taxi e mezzi in generale. Finalmente l'ho trovata. Appena faccio il primo passo dentro il cancello della stazione un ragazzo mi chiede di cosa avessi bisogno, e gli rispondo che devo andare a Betlemme, ma proprio dentro, non fino al checkpoint. Lui mi dice che sta partendo il 231, di correre che lo prendo. Corro, ma con una lentezza inesorabile il bus mi parte davanti, e il ragazzo con aria compassionevole mi dice che il prossimo partirà tra mezzora. In fondo non avevo fretta, ma certo mi sono sentita un po' *sfigata*.

Mi è capitato spesso di perdere pullman, a volte ho perso treni e una volta un aereo. Posso quasi dire di averci fatto il callo, ma stamattina mi torna in mente una storiella di alcuni anni fa e spero solo che questo evento non sia il presagio dell'imminente "Teoria del Biscotto". Ero poco più che ventenne e dovevo partire per Barcellona insieme a Claudia e Rebecca, due mie amiche di lunga data. Claudia, viaggiatrice consolidata, prende aerei da una vita, quella mattina ci confessa di avere un certo senso di angoscia a prendere quel volo aereo. Erano successe delle piccole sventure nei giorni passati che lei interpretava come segnali di un possibile presagio, io come presagio di un suo disturbo d'ansia.

Il primo evento sciagurato era avvenuto il pomeriggio precedente quando tra le corsie del supermercato di fiducia le era caduto un barattolo di ammorbidente che aveva letteralmente inondato la corsia. Ancora scottata dall'evento del pomeriggio, la sera stessa, per intenderci la sera prima del viaggio, un sassolino microscopico le aveva rigato lo schermo del cellulare nuovo al quale non aveva ancora applicato la pellicola protettiva. Ma come se ciò non bastasse, dulcis in fundo, l'evento più tragico che ha dato il nome alla teoria che stava per nascere era capitato il mattino stesso. Poche ora prima di prendere l'aereo, il biscotto che in quel momento stava inzuppando nel tè della colazione si è spezzato, e cadendo inesorabilmente nella tazza ha creato un'ondata senza precedenti che ha macchiato la tovaglietta appena lavata. Questo era stato interpretato come un chiaro segno di sventura imminente, una sciagura telefonata, una raccomandazione di Dio che è stata battezzata come "Teoria del Biscotto". Questa neonata teoria racchiude in sé tutta l'ansia che può essere causata da un biscotto che si spezza e si spappola nella tazza del tè, rendendo la bevanda, di un aspetto melmoso e polveroso al gusto, che solo i palati più coraggiosi possono deglutirlo senza sentirsi male.

Mi siedo sulla panca, desolata e da sola, perché ovviamente c'era chi quel bus l'aveva appena preso e chi invece l'avrebbe preso con me, che giustamente non era ancora arrivato. Penso alla "Teoria del Biscotto" ma penso anche che quel tempo in realtà mi è stato regalato, posso sfruttarlo per prendere qualche appunto di viaggio. Molto presto arrivano altre persone, mi si siedono a fianco ad aspettare il bus, e io sorrido pensando a quanto ogni evento possa essere bello o brutto a seconda di come lo viviamo. Scambio due parole con i miei vicini di panchina e il pullman arriva, è stata una mezzora passata in battibaleno. Salgo e mi metto vicino al finestrino, mi piace guardare fuori e vedere i paesaggi che cambiano velocemente chilometro dopo chilometro. Ormai è l'unico film che riesco a gustarmi senza addormentarmi.

Dopo pochi istanti Gerusalemme cambia volto, diventa polverosa e sgarrupata, fili della corrente che penzolano e spazzatura ai bordi della strada. Le periferie delle grandi città però rimangono la mia parte preferita, la parte più vera e autentica. Mando un video ai miei genitori che mi rispondono che sono contenti per me, perché quelli sono i miei posti. Vorrei scendere e farci un giro, ma il bus prosegue incessante nel suo cammino verso Betlemme. Nel pullman ci sono dei turisti, dei signori arabi, un paio di famiglie ebraiche e alcune suore che mi pare stiano parlando in italiano. C'è un gran vociare che sovrasta la musica che ha appena acceso l'autista. Pian piano si esce dalla città, le strade si fanno più polverose, i palazzi lasciano il posto ai campi brulli e a degli strani cantieri in cui prevale il bianco, il cemento armato. Container, bulldozer e cemento armato. E più ci avviciniamo al checkpoint, e quindi alla Palestina, più aumenta la presenza di questi cantieri.

Non so cosa possano essere, ma sicuramente stridono con il contesto, non è qualcosa che armonicamente si sta sviluppando in un contesto simile. Mi danno un senso d'angoscia, mi disorientano. Il bus procede incessantemente fino a quando la musica si spegne, il vociare si placa. Arriviamo ad una sorta di casello autostradale ma militarizzato, ci sono barriere enormi che sembrano dighe, con un piccolo varco aperto e dei ragazzetti poco più che ventenni che con un mitra in mano ci fanno segno che possiamo passare. Perché a nessuno interessa chi entra in Palestina, il problema è chi esce da lì perché nello stesso istante sta entrando in Israele. Mi aspetto grandi controlli al ritorno, all'andata il fiato sospeso è dato solo dalla novità della situazione. Non mi era mai capitato di passare in bus attraverso una diga.

Arrivo a Betlemme, capolinea, scendiamo tutti e vengo immediatamente assaltata da tassisti. Prima di partite mi ero ripromessa che avrei evitato di prendere taxi da sola, era un'accortezza che mi aveva insegnato Elda, una collega fisioterapista in Nicaragua, ed effettivamente poteva avere senso. Nemmeno due minuti dopo, come ogni promessa che faccio a me stessa, la infrango. Non so cosa mi abbia portata a fidarmi di un uomo sulla cinquantina, basso e appena rotondo, che mi chiede se avessi bisogno di qualcosa. Me lo chiede con estrema gentilezza e senza la minima insistenza. Mi pareva un brav'uomo, abbastanza onesto da non prendersi gioco di una *turistella* occidentale zavorrata di zaini ed orecchini grandi, con un paio di occhiali da sole addosso quasi a volersi difendere dal mondo esterno. Forse proprio questo mi ha portata a fidarmi di lui. Quindi gli dico che ho un'ora e mezza di tempo, vorrei fare un giro a vedere i Murales di Banksy e il muro, e poi per le 12.30 dovrebbe portarmi alla Cappella della Natività. Mi chiede così vagamente se ho appuntamento con qualcuno, gli dico di no per lo stesso motivo che non ho detto nulla alle ragazze stamattina. Era evidente che avessi un appuntamento ma lui non va oltre, non insiste. Mi dice che si, per 140 Shekel può farlo. In realtà avevo sentito Daoud e mi ero accordata con lui che alle 13.00, fuori dalla Cappella della Natività, sarebbe passata a prendermi Amal, sua sorella, ma mi sono tenuta quella mezz'oretta di gioco per eventuali ritardi o attacchi di fame da gestire.

Il tassista si chiama Hassan, mi scorta tra gli altri tassisti fino alla sua macchina, si raccomanda di dire agli altri che mi ha chiesto 200 Shekel, sennò fa concorrenza sleale. Dice che dato che mi sono fidata di lui vuole farmi uno sconto. Non so quanto credere a questa storiella, ma l'importante è che mi ispiri fiducia, la mia pancia mi dice che posso salire in taxi con lui. Il muro si vede da ogni lato della città, come un serpente enorme che divide Israele dalla Palestina. A me continua a sembrare un'enorme diga senza una fine, senza acqua da fermare.

Mi porta direttamente verso il muro, ma prima di arrivare ci imbattiamo nel primo murales di Banksy, "La colomba della pace". Non è proprio sul muro, si trova un po' prima, di fianco al cartello "Benvenuti a Betlemme, benvenuti in Palestina". La colomba è vestita con un giubbotto antiproiettile, ha un ramo d'ulivo in bocca e il bersaglio di un fucile puntato sul suo petto. Se ne sta lì, con le sue ali dispiegate a portare simboli di pace tra i cecchini di guerra. È fiera ha la testa alta, lascia trasparire dignità, non paura.

Due vie più in là arriviamo al muro. L'impatto è spaventoso, la sensazione è duale. La mia mente non concepisce come si possano impiegare risorse e tempo per creare un muro che divida esseri umani. La mia mente in realtà non riesce nemmeno a concepirne l'idea. Dall'altro lato i messaggi e i murales di speranza mi fanno pensare che esiste un mondo diverso, un mondo che non si arrende. Un mondo che chiuso nella sua trappola per topi pensa ad abbellire e lanciare messaggi dalle pareti della gabbia che lo chiudono dentro. Appena dentro salta all'occhio la scritta in caratteri cubitali bianchi e neri: "Make Hummus, not walls", citazione che richiama deliberatamente il motto che aveva preso piede durante la guerra in Vietnam: "Fate l'amore, non fate la guerra". Chiara, diretta, lampante. E poi ci sono i due angeli di Bristol, uno palestinese e un israeliano, che collaborano per tentare di aprire un valico, uno spiraglio, in quel muro massiccio ed impenetrabile. Banksy non è insolito ad opere che si auto-distruggono, forse spera che un giorno anche queste verranno abbattute.

Prima di andar via passiamo per una stazione di benzina abbastanza sperduta nella periferia di Betlemme, scavalchiamo pezzi di ferro e plastica, giriamo l'angolo e sulla parete più grande appare l'opera più famosa di Banksy, "Il Flower Thrower", il famoso lanciatore di fiori. È enorme, non ci sta nemmeno nell'obiettivo della mia macchina fotografica. Questo ragazzo in assetto da guerriglia urbana non lancia pietre, ma un mazzo di fiori. Svetta e colpisce, incanala tutta la sua rabbia in un gesto quasi romantico, l'ultimo gesto di un amante disperato.

Mentre andiamo via passiamo rapidamente per l'ingresso dell'Aida Camp, uno dei campi rifugiati più grossi di Betlemme. Nasce nel 1948 e comprende i comuni di Betlemme, Beit Jala e Gerusalemme, e nelle vicinanze sorgono negli anni Har Homa e Gilo, due grandi insediamenti israeliani. Questi fattori, insieme alla massiccia e costante presenza militare, e la vicinanza al principale checkpoint tra Gerusalemme e Betlemme, hanno reso il campo vulnerabile. Vi sono regolari incursioni da parte dell'esercito israeliano, scontri che coinvolgono i residenti del campo, molti dei quali sono bambini, e un numero crescente di feriti a causa dell'uso eccessivo della forza da parte dell'esercito stesso.

Dopo gli accordi di Oslo del 1993, la maggior parte del campo di Aida è gestita dal governo palestinese (Area A), mentre la sua parte più periferica cadde sotto il controllo israeliano (Area C). Come risultato della barriera e del regime ad essa associato, i residenti hanno ora un accesso limitato alle opportunità di lavoro in Israele e a Gerusalemme Est. La barriera ha inoltre isolato l'Aida Camp dall'area ricreativa che un tempo era a disposizione dei residenti. I residenti negli anni hanno organizzato un nuovo spazio ricreativo sul confine del campo, comprendente un parco giochi, un giardino e un campo da calcio. L'Aida Camp copre una piccola area di 0,71 chilometri quadrati, è un fazzoletto di terra dove diventa sempre più complesso ospitare la crescente popolazione di rifugiati, e i problemi di sovraffollamento sono all'ordine del giorno. Anche la scarsa sicurezza personale, l'isolamento sempre più astringente (a causa della vicinanza del campo alla barriera della Cisgiordania) e le scarse infrastrutture sono citate dai residenti del campo come tra le sfide più urgenti che devono affrontare.[1]

Hassan mi fa notare che ci sono pezzi di muro nero, è come se lì ci fossero state delle fiammate verso l'alto. In effetti così è stato. Alcuni residenti dell'Aida Camp ogni tanto, tentano invano di abbattere o comunque indebolire il muro usando il fuoco. Queste cicatrici nere, verso l'alto, sono il pugno nello stomaco più forte che ho preso stamattina. Perché è evidente come siano tentativi disperati che ovviamente non possono funzionare, ma che rappresentano la forza della disperazione di un popolo chiuso dentro. Un popolo rinchiuso.

Passiamo velocemente tra le taniche di acqua, perché l'acqua è centellinata, è un bene prezioso che va preservato. Nel campo di Aida è limitato l'accesso libero all'acqua, per cui i residenti si organizzano come possono per creare rifornimenti per il futuro.

Come promesso 12.30 sono davanti alla Cappella della Natività, Hassan mi lascia il suo numero e mi dice che se avessi bisogno di fare una qualunque gita, anche a Gerico e al Mar Morto, basta che lo chiami. Lo saluto e faccio una camminata per la viuzza principale della Betlemme vecchia. Subito davanti alla Cappella della Natività c'è la moschea che mi accompagna nella passeggiata con il suo Muezzin. Prendo un caffè arabo e un Falafel, e mi apposto fuori dalla Cappella in attesa di Amal. Arrivano e passano donne, alcune si fermano e altre se ne vanno,

---

[1] "Aida Camp", UNRWA, https://www.unrwa.org/where-we-work/west-bank/aida-camp

mi aspetto un furgoncino o una macchina. Cerco di immaginarmi Amal, ma non saprei proprio. Intanto sono in balia dei tassisti, che sono lì appostati in cerca di clienti, tutti vorrebbero portarmi da qualche parte. Mi vedono lì come un baccalà e mi chiedono se sto aspettando qualcuno. Rispondo di no ovviamente, fingendo e sapendo di fingere. Penso che anche il canarino chiuso nella gabbia della bancarella in cima al suq abbia capito che quella era una menzogna, ma fa nulla, nessuno insiste. Per lo stesso motivo per cui non ho detto nulla finora riguardo la mia meta, continuerò a non dire nulla. Sono in Palestina, sì, ma un giorno dovrò anche uscire da qui. Mi fido di tutti e non mi fido di nessuno.

Appena finito di mangiare il mio falafel, con ancora un pezzo di coriandolo fra i denti, mi si avvicina una signora che lì per lì ho pensato volesse avvisarmi dei ceci spalmati su tutta la faccia e che i pezzi di coriandolo incastrati nei denti fossero poco eleganti. Invece mi chiede se fossi Giulia e allora è lì che finalmente la riconosco.

Amal e le sue domande scomode

A dire il vero non so proprio da dove sia sbucata questa donna. Occhi neri profondi, pupilla e iride sono fusi in un unico buco nero. Settant'anni circa, sorriso gentile ed accogliente. Abbigliamento semplice, da contadina. Si presenta, sono Amal, mi dice. Amal, che significa "Hope". Arriva a piedi perché come ogni domenica va a servire alla chiesa Evangelica di Betlemme, e mentre ripercorriamo il suq della Betlemme vecchia mi parla un po' di sé. Mi pare incredibile ma Amal mi racconta di essere un'ex infermiera, diventata poi fisioterapista nelle terapie intensive neonatali, mi dice che si è specializzata nella fisioterapia respiratoria, cerca di spiegarmi un po' di cosa si tratta. Non mi reputo una persona spirituale, ma quello lo leggo come un segno, non avrei mai immaginato di trovarmi nel suq della Betlemme vecchia a parlare della mia quotidianità condivisa con quella della contadina da cui sto andando ospite. Si dia il caso, che qualche giorno dopo il mio rientro in Italia parteciperò proprio ad un corso di formazione sulla fisioterapia respiratoria.

Amal era venuta in Italia a fare un corso al Meyer di Firenze e un altro all'ospedale di Treviso, adesso va in ospedale solo di tanto in tanto, il resto del tempo lo dedica alla fattoria e alle numerose cause che hanno in corso. Conosce tutti, si ferma a parlare a destra e a manca, si ferma alle bancarelle di frutta e verdura, contratta per il prezzo e poi se ne va. O meglio, questo è quello che mi pare di capire interpretando alla bell'e meglio la lingua araba.

Una volta attraversato tutto il budello centrale di Betlemme, arriviamo in una piazzetta dove c'è un agglomerato di taxi. Alcuni in partenza, altri in arrivo. Io seguo Amal e mi fa infilare su uno Sherut diretto ad Hebron. Sono l'unica occidentale su quel taxi condiviso, non c'è nessun motivo apparente per andare in visita turistica in quelle zone, nella Cisgiordania più centrale, attorniata dagli insediamenti. Mi sento gli occhi addosso, oppure è solo la sensazione di essere ospite. Man mano che ci avviciniamo a Neve Daniel, la fermata per raggiungere la fattoria, Amal mi racconta di lei e mi racconta dell'occupazione. Lei e la sua famiglia sono cristiani e mi chiede se lo fossi anche io. Mi mette in difficoltà perché è una domanda complessa alla quale non so rispondere nemmeno in italiano, esprimere un concetto del genere in inglese ad una persona che parla arabo, mi risulta complesso.

La mia mente iper-razionale mi spinge a pensare che gli avvenimenti della vita siano dettati da una sorta di equilibrio che il pianeta terra deve mantenere per contrastare le cattive abitudini di noi umani e il naturale processo evolutivo dell'universo. Che ci sia una sorta di algoritmo che fa sì che si sviluppi una pandemia in un momento di sovraffollamento di una certa specie, che faccia sviluppare prede per non perdere i predatori, che un terremoto è devastante solo nella misura in cui l'essere umano ha costruito in un certo modo, in certo posto. Penso che gli avvenimenti più funesti che stiamo vivendo siano solamente un tentativo di risposta e di sopravvivenza che il pianeta terra mette in atto per contrastare l'egoismo e la voracità dell'essere umano.

Penso spesso che l'amore, i sentimenti e l'emozioni non siano altro che ormoni che circolano. La variazione delle quantità di questi ormoni decide se sei felice o se sei depresso. Non ho mai sentito la necessità di farlo, ma se mi devo schierare nella squadra della scienza o nella squadra della religione non ho dubbi. La mia mente è scientifica. Anche se probabilmente, se le varie professoresse di matematica che si sono susseguite nel corso della mia vita scolastica leggessero questa dichiarazione, le ritroveremmo svenute con gli occhi rivoltati all'indietro. Infatti sono noti alle cronache i miei libri e quaderni di matematica pieni di disegni e forme d'arte alternative, tipiche di una mente tutt'altro che scientifica. Ma così è. I miei amici danno colpa al mio segno zodiacale, si sa che i gemelli sono incostanti e volubili. Pieni di contraddizioni. Io certi giorni credo a questa storia, altri giorni la repello.

È vero però che il mondo delle religioni mi affascina profondamente, non tanto la religione cattolica, ma questo ammetto essere da parte mia, un peccato di superbia. Sono convinta di sapere cosa sia, il fatto di esserci cresciuta in mezzo in qualche modo mi fa sentire autorizzata a spararne sentenze. A volte penso che io non sappia essere oggettiva da questo punto di vista. Se in tutte le altre religioni trovo dei punti interessanti, nella religione cattolica trovo solo dei punti ridondanti. Ogni volta che provo a pensare a qualche messaggio positivo che lancia la

Chiesa cattolica, mi vengono alla mente le altre mille contraddizioni che mi fanno perdere di significato qualunque buon intento.

Ogni volta che rimango affascinata dal messaggio di accoglienza della religione Cattolica mi imbatto in qualche sacerdote pronto a chiudere le frontiere del Mar Mediterraneo, pronto a votare politicanti che promettono di eliminare chi nel Mediterraneo salva vite. Ogni volta che mi giunge all'orecchio del messaggio di amore universale, mi scontro con la realtà dei fatti per cui due persone dello stesso sesso che vogliono sposarsi non possono farlo. Ogni volta che diffonde messaggi di pace mi scontro con le dinamiche politiche coinvolte in certe guerre dimenticate anche da Dio. Va bene, la chiesa è umana mi dice sempre chi sostiene la causa. Ma non mi pare una buona scusa. Purtroppo, non riesco a guardarla con gli occhi distaccati con cui guardo le altre religioni, gli occhi dell'incanto con cui mi avvicino alle grandi religioni politeiste asiatiche, o lo sguardo curioso con il quale cerco di approfondire certi aspetti dell'Islam.

Non sono religiosa, sono solo molto attratta delle dinamiche che spingono milioni e milioni di persone a seguire un certo filone di pensiero. Un pensiero spesso totalmente irrazionale, a tratti folle. Gente che resuscita, bambine rinchiuse in una casa perché considerate sacre, animali morti ammazzati sugli altari sacri per rendere omaggio a chissà chi. Spesso mi sembra un'assoluta follia, forse visioni avute da menti sotto l'effetto di qualche radice stupefacente.

Mi rendo conto però che il mio pensiero, credo abbastanza condiviso, sia anche frutto della mia ignoranza in materia. Sia dato dal fatto che non ho approfondito mai davvero nessuna religione, e dalla presunzione di non averne bisogno. Probabilmente è la presunzione dei privilegiati, delle persone a cui finora nella vita è andato tutto abbastanza bene, che non hanno bisogno di aggrapparsi a qualcosa di mistico per spiegarsi perché ad un certo punto si ritrovano senza casa, oppure con dei genitori che ti fanno del male. L'idea di giustizia, di libertà e della ferma protezione dei diritti umani delle persone, qualunque esse siano, ce l'abbiamo dentro. Non abbiamo bisogno di un Dio che ci dica di amare il prossimo, già lo facciamo. Già lo facciamo perché qui è facile farlo, anche se a volte in realtà, abbiamo solo l'illusione di farlo.

Amal è cristiana, ma mi dice che qui in Palestina è davvero difficile continuare ad esserlo. Ama il prossimo tuo, ama il tuo vicino, ama il tuo nemico quando tenta in tutto e per tutto di lasciarti in mutande. Non è facile, e forse non è neanche giusto porgere sempre l'altra guancia, penso io.

Prendere sonno tra gli insediamenti

La brezza fresca che scompiglia le fronde dei mandorli, il cielo infuocato all'orizzonte che è delimitato da una coda luminosa. Amal mi mostra sullo sfondo il Mar Mediteranno e la Striscia di Gaza a un centinaio di chilometri di distanza. Qui a *Tent of Nations* sta calando la notte. Una dopo l'altra si spengono le luci della fattoria e si accendono le luci degli insediamenti tutt'intorno. Il tramonto mette in circolo nelle mie vene adrenalina, e anziché preparare la mia mente e il mio corpo alla calma della notte, mi mette in una strana forma di agitazione e ipervigilanza. La notte mi fa sentire piccola e indifesa, vulnerabile.

Dispersa su una collinetta tra Hebron e Betlemme, attorniata dagli insediamenti dei coloni israeliani, pronti ad assaltare anche l'ultimo baluardo palestinese della zona. Io sono qui a custodire le centinaia di ulivi che tra due settimane verranno alleggeriti dei loro succulenti frutti. A vegliare sugli animali. A tenere la luce del porticato accesa per far vedere ai coloni che quella terra non è abbandonata, ma che esiste. La Palestina esiste ancora, e per di più non è da sola. Come me si susseguono volontari internazionali la cui presenza in fattoria è stata per anni il deterrente per nuovi attacchi nei confronti di una terra che da anni cercano di espropriare. Israele non può permettersi di incrinare i rapporti con il mondo occidentale e di conseguenza gli attacchi dei coloni si sono drasticamente ridotti.

Man mano che calano le tenebre noi ci facciamo sempre più piccoli, un puntino sulla collina. Tutt'intorno si accendono luci, il vento freddo porta con sé la musica da discoteca che ogni sera viene accesa negli insediamenti tutt'intorno. C'è aria di festa, e quasi ogni sera dopo la musica, si alzano in cielo fuochi d'artificio. Non so esattamente cosa ci sia sempre da festeggiare. Forse qualche matrimonio, forse celebrazioni per il Sukkot. Forse per sancire ancora una volta che quelle terre, quel vento e quell'aria si stanno saturando di Israele. Sembrano quasi dei messaggi che i coloni lanciano ai pochi palestinesi rimasti. Non eravamo qui, ma ora ci siamo arrivati. Siamo felici, e iniziamo a farvi arrivare la nostra musica, la nostra festa. Un giorno arriveremo anche noi, i nostri Bulldozer sono caldi. La notte mette in evidenza quanto siamo piccoli e ospiti nella nostra terra. Quanto siamo umili e contadini.

Io e Noah tiriamo fuori da un frigo sgarrupato gli avanzi del pranzo. Un po' di riso, hummus e tre uova che abbiamo appena raccolto dal pollaio e per scaldarci sorseggiamo una tazza di tè nella quale buttiamo qualche foglia di salvia. Il pensiero va alla notte imminente, saremo abbastanza? Sarà abbastanza la nostra presenza per evitare invasioni? L'alba e le nuove luci del mattino ci racconteranno la verità. Laviamo i piatti con la nostra bacinella piena d'acqua riciclata, chiudiamo la cucina, e con la mia torcia vado a fare l'ultima pipì prima di dormire. Ci hanno tagliato l'acqua, quindi con sistemi di raccolta dell'acqua piovana la famiglia Nassar ha creato grosse cisterne che ci permettono di avere un minimo d'acqua per lavarci, per bagnare i campi e per dissetare gli animali. Ma la parola d'ordine è parsimonia e dove

si può evitare di usare l'acqua, si evita. I bagni sono composta-
bili, ovvero water veri e propri, ma che anziché dare nelle fogna-
ture danno sul versante della collina. Anziché tirare l'acqua,
dopo i bisogni, butti delle foglie. Risparmi acqua e crei fertiliz-
zante per i campi.

Io dormo nella mia tenda, o meglio, nel mio container. Sono
a una cinquantina di metri dai bagni, per cui la sera cerco di bere
poco. Non è il massimo aggirarsi di notte con in mano una torcia
e i cani randagi che ti girano intorno. La mia tenda ha sei o sette
posti letto, ma possono diventare molti di più. Tra un paio di
settimane arriveranno quaranta volontari da tutto il mondo per
partecipare alla raccolta delle olive; quindi, verranno aggiunti
letti un po' ovunque.

Il vento freddo ulula inesorabile tra le fronde delle querce
intorno, io sono chiusa nel mio sacco a lenzuolo, avvolta in due
coperte e incappucciata nel caldo tepore dalla mia felpa. La finestrella sopra il mio letto rimane mezza aperta, entra il freddo,
ma anche la luce della luna e la musica proveniente dagli insediamenti. È una bella beffa anche per me, che in quel container
ci starò solo due settimane, immagino per chi ci passa una vita
intera. Le feste in piscina a suon di musica tecno e fuochi d'artificio, mentre noi qui ci dobbiamo lavare con il contagocce, e
persino l'acqua da bere arriva centellinata nelle taniche.

La mia mandibola è serrata, i miei denti si stringono forte tra loro, ho quasi paura di spaccarmeli. Non riesco a controllarlo, sarà in parte il freddo e in parte la sensazione di essere estremamente vulnerabile. Cerco di sentire Podcast e ascoltare musica, mi tappano le orecchie isolandomi dal mondo esterno e mi danno conforto. Certi timbri di voci amiche mi fanno sentire al sicuro, al di là di quello che dicono, mi toccano delle corde ancestrali che mi tranquillizzano. Ma stavolta funziona solo in parte. È strano perché nella mia vita ho dormito nei posti più improbabili, sul pavimento di una scuola di Haiti, su un letto infestato dalle formiche giganti in Nicaragua, in una cuccetta lurida di un treno notte per Vienna. Ma stavolta non riesco ad abbassare la guardia, e non so perché.

C'è un momento della notte nel quale ho perso il ricordo e il contatto con le voci dei Podcast, presumo quindi di essermi addormentata per sfinimento. Credo fossero le tre, o giù di lì, sono sicura che l'ultima volta che ho letto le ore erano da poco passate le due e mezza. È un sonno leggero e con un occhio mezzo aperto e tre ore dopo sono di nuovo sveglia.

Con le prime luci dell'alba che filtrano delle finestre e le zampettate di un qualche animale sul mio container, forse un gatto, apro gli occhi con il Podcast che stava raccontando di due donne messicane che hanno fatto la storia. Non ho dormito nulla rispetto ai miei standard, ma non sono stanca, sono ancora in una sorta di iper-attivazione, nelle mie vene scorre adrenalina e sangue. Il mio battito cardiaco non cala dalla sera prima. Sarà che non sono più giovane come una volta, mi dico. Poi le luci dell'alba mi rassicurano, nessuno è entrato stanotte, forse erano tutti impegnati a fare festa.

Le piante e gli animali sono ancora dove li avevo lasciati, i fichi sugli alberi mi stanno aspettando per la colazione. Tra freddo, polvere e terra mi spoglio. Mi passo una salvietta, perché due sarebbero troppe, mi devono bastare per quindici giorni. Mi rivesto con i vestiti da lavoro, puliti ma già impolverati. Mi metto il pile e sopra il k-way che mi riparerà un po' dal vento freddo che sento soffiare fuori. A petto alto e testa fiera, quasi come fossi stata un'eroina sopravvissuta alla notte, vado in bagno e poi vado a caccia di fichi tra le piante intorno alla cucina.

Avevo urgenza di crearmi una routine mattutina, perché generalmente mi crea serenità. Metto su il bollitore per farmi il mio caffè arabo, spalmo lo yogurt sulla Pita, e sopra ci adagio i fichi aperti. Butto la polvere del caffè nell'acqua, lo verso in una tazza e mi piazzo seduta sul tavolino più a sinistra del portico appena fuori la cucina. Era l'unico tavolo che aveva la vista aperta all'orizzonte, cerco il Mar Mediterraneo e cerco Gaza con lo sguardo, ma è troppo nuvoloso.

Torno sui miei fichi e sul mio caffè aspettando che si svegli Noah. Non è da me non aspettare i miei compagni di viaggio per mangiare, ma la colazione per me è sacra, è un'iniezione di energia che devo fare appena sveglia. E poi ancora non so se Noah avrà voglia di fare colazione, poi glielo chiederò, ma intanto mangio.

§§§

Saranno i fichi o il sapore del cardamomo nel caffè nero bollente, ma sono più tranquilla. Le luci della mattina mi fanno sentire meno in pericolo, e gli insediamenti che hanno ballato tutta notte adesso tacciono. Probabilmente ancora dormono. Io e i coloni israeliani degli insediamenti intorno abbiamo evidentemente il ritmo sonno-veglia opposto, se io sono sveglia loro dormono. Se loro fossero svegli per me sarebbe tempo di dormire.

Noah si sveglia e come previsto non fa colazione, ma mi inizia a un nuovo pezzo di quella che diventerà la mia routine mattutina. La primissima parte della mattinata deve essere dedicata a sfamare gli animali, non mi fa impazzire di felicità l'idea di entrare piena di mangime nella gabbia dei piccioni, ma sicuramente simula una sorta di stabilità. E poi, cosa più importante, da venerdì sera Noah non sarà più qui con me, forse arriverà qualcuno. O forse no. Devo cercare di capirlo perché, se penso a rimanere da sola la notte, mi si chiude lo stomaco e quasi mi viene da vomitare. Dovrò indagare, ma so che Noah stava da solo prima del mio arrivo, e potrebbe succedere anche a me.

Cerco di stare tranquilla, questo si è delineato fin da subito il viaggio del passo a passo, l'ho interpretato così fin dal primo momento. Sono in giro da sola, quindi sono pronta a ogni evenienza (o quasi), ma il piano d'attuazione per non farsi prendere dall'ansia è muoversi passo a passo. Quindi ho deciso che mi preoccuperò di rimanere qua da sola non prima di giovedì, perlomeno queste sono le mie intenzioni.

Noah ha ancora il segno del cuscino sulla faccia ma ci dirigiamo verso la fattoria degli animali, dobbiamo provvedere a sfamarli, la mattina è compito nostro.

Non mi è ben chiara questa mania di nascondere le chiavi in luoghi improbabili e la mia memoria perde i colpi. Ero quasi sicura che non avrei mai più trovato il modo di entrare in quel recinto; invece, quasi per miracolo trovo la chiave che apre il primo cancello della fattoria degli animali. A questo punto prendo il secondo mazzo di chiavi dal secondo nascondiglio e iniziamo a organizzarci per entrare nei vari recinti. Prima le galline, poi le anatre, i piccioni e infine il mio preferito. Viky, l'asino. Diciamo che non è tra i risvegli dei miei sogni infilarmi, appena dopo colazione, nei recinti di volatili impazziti che impazienti mi assillano in cerca di cibo. Ammetto che qualche insulto ai piccioni l'ho tirato forte e chiaro, a volte anche in inglese giusto per essere certa che mi capissero. Ma questo è il mio lavoro, almeno per queste due settimane.

Il cielo è grigio plumbeo, ha quell'aspetto pesante, quasi soffocante. Non è carico d'acqua, almeno non sembra. Ma la coltre opaca tra il bianco e il grigio, che a tratti sembra nebbia, mi dà la sensazione che possa soffocarmi. Gli insediamenti all'orizzonte si intravedono tra le nubi che sono così basse da sembrare vapore che risale da un terreno troppo caldo. Adesso invece i rumori iniziano ad arrivare chiari, lo sferragliare dei Bulldozer inizia presto. Se ne stanno tutt'intorno che scavano, gettano fondamenta e costruiscono. Con un colpo di pala cancellano l'identità che da secoli viveva lì, e costruiscono caseggiati bianchi, tutti uguali, che a me ricordano i palazzi sovietici delle città spettrali e anonime dell'ex Jugoslavia. Ultramoderni, con piscine e balconi a specchio, a volte mi disorientano.

Torno verso la cucina, Noah mi offre una tazza di tè e mi racconta un po' di lui. Quasi venticinque anni, di Southampton, vuole fare il contadino. Ha già girato alcune fattorie qui in Palestina, sta facendo questo tipo di viaggio sia per la curiosità del contesto, sia per cogliere dettagli da riportare nella sua futura fattoria. Alto poco più di me, biondo ricciolino, occhi azzurri con quel taglio di cui la porzione più laterale di entrambi gli occhi punta un po' verso l'alto. Un taglio degli occhi un po' da asiatico. Gli ultimi giorni era stato in fattoria da solo, il signore tedesco che c'era prima era stato solo qualche giorno. Non oso davvero immaginare come possa essere la notte da soli qui. È vero che dormiamo lontani, ma per qualunque cosa, se cacciassi un urlo, penso che potrebbe sentirmi. La sua presenza mi tranquillizza.

Muri

Il primo sguardo del mattino è sempre rivolto ai campi e di conseguenza agli insediamenti sullo sfondo. Ma c'è una costante che da qualunque parte volgi lo sguardo è lì imponente che ti minaccia, ti avvisa che può chiuderti dentro ogni volta che vuole. È il muro di separazione, lo vedi sempre e comunque dall'alto della nostra collinetta, e a me questa cosa del muro inquieta.

Era il 16 giugno 2002, io e mio fratello eravamo in fibrillazione, quel mattino mamma era corsa in ospedale. Aveva rotto le acque. Avevo addosso quel mix di preoccupazione per la mamma che stava per partorire e la voglia incontenibile di dare un volto a quel fratellino che stavo immaginando da nove mesi.

Io avevo undici anni, mi affacciavo all'adolescenza e stavo cercando la mia identità. Ero un'adolescente riccia e timida con gli occhiali spessi, avevo il mondo che mi stava aspettando ma ancora non lo sapevo. Non sarei corretta con me stessa, né con tutti i ragazzini occidentali di quell'epoca, se dicessi che i nostri non erano problemi. I miei capelli ricci e scompigliati sono stati loro malgrado protagonisti di vessazioni e goliardie, c'era chi era preso in giro per gli occhiali a fondo di bottiglia, chi per i suoi vestiti fuori moda, chi perché studiava troppo e chi perché studiava troppo poco. E poi c'era chi era talmente insicuro di sé stesso che sfotteva tutto e tutti, che per chissà quali frustrazioni non conclamate diventa un bullo.

E quando cerchi di costruire l'immagine di te stesso questi sono avvenimenti che ti segnano, sono cicatrici che in qualche modo ti aiutano crescere. Momenti di sofferenza che ti insegnano che esistono anche quelli, che i tuoi genitori non saranno sempre lì a proteggerti, ma che tu puoi superarli anche da sola. E che in fondo tutto passa.

Pian piano decidi chi vuoi essere e decidi con chi vuoi stare, decidi chi lasciar andare e per chi invece vale la pena lottare. Anni che tra brufoli e sbalzi ormonali ti disorientano, ma ti fanno anche capire che ci sono mille modi per ritrovare la bussola.

Insomma, io ero così alle prese con i miei ricci, i miei compagni di classe, la pallavolo e l'incubo della matematica. I miei coetanei in Cisgiordania hanno iniziato ad essere murati vivi nel loro fazzoletto di terra. Mi piacerebbe conoscere qualche trentenne palestinese, vorrei chiedergli tante cose, anche se in fondo non credo che la sua adolescenza fosse stata tanto diversa dalla mia. Solo che io ad un certo punto ho iniziato a voler cacciare il naso fuori di casa. Non mi bastava più la mia quotidianità, ho iniziato a sentire dentro la curiosità impellente di andare a vedere come si vive nel resto del mondo. Non ricordo il momento esatto in cui è nata dentro di me quest'esigenza, ma mi ricordo quando per la prima volta ho messo da parte la paura e ho deciso di dare ascolto a questa voce. Era il 2013, avevo ventidue anni, e insieme ad un gruppo di altri cinque ragazzi che prima non conoscevo, sono partita per il Nicaragua.

Ci sono dei momenti della vita che mettono un punto a capo, momenti chiari in cui riconosci che da lì in poi sei nettamente cambiata. Non succede mai dall'oggi al domani, è sempre un processo più o meno lento, ma ad un certo punto c'è un evento che ne sancisce l'inizio. Una sorta di battesimo. Quello che sono oggi, è perché ho avuto la possibilità di dare ascolto a questa mia esigenza, che si badi bene, era solo la mia personalissima esigenza. In fondo noi siamo dei privilegiati, abbiamo l'opportunità di sognare in grande e di provare a realizzare quelle che a volte sembrano utopie.

Ripenso a ieri, quando seduta in uno Sherut diretto ad Hebron a fianco di Amal, stavamo raggiungendo *Tent of Nations* correndo a fianco di un muro che sembrava non finire mai e mi chiedo che esigenze potessero avere i miei coetanei che ad un certo punto si sono visti costruire un'enorme diga davanti casa per impedirgli totalmente di uscire da lì. Che sentimenti e che emozioni possono aver smosso dentro a dei ragazzini che iniziano ad essere trattati come criminali, come il male che va chiuso e sigillato in una scatola nera.

Il tracciato del muro è stato più volte ridisegnato e la lunghezza del progetto è di circa 730km. Pressappoco da Milano a Napoli. Più lungo che il percorso per raggiungere Roma da Torino. Sostanzialmente corre lungo tutto il confine del West Bank, avvolge in un abbraccio mortale, come un cappio, la Cisgiordania.

Appena arrivate a Neve Daniel, fermata sulla strada per Hebron, abbiamo pagato i nostri sette Shekel (per me ha pagato Amal) e siamo scese dallo Sherut. Ci siamo incamminate e guarda caso un altro muro. Amal ha iniziato a spiegarmi il contesto in cui sono stata catapultata, mi ha fatto notare l'enorme muro che corre a bordo della strada, e poi un altro. E un altro ancora. Qui nascono muri come fossero funghi. Qui il modus operandi di Israele è questo, costruisce muri che separano la tua casa dai tuoi campi. Per andare al lavoro da quando c'è quel muro anziché impiegarci dieci minuti, Amal e la sua famiglia ce ne impiegano cinquanta. Avevano ricavato una stradina sterrata, ma una mattina si sono ritrovati una montagna di massi, protetti da un divieto di rimozione, proprio in mezzo alla strada. Adesso se vuoi passarci puoi farlo a piedi, scavalcando la montagna di massi, ma in macchina e con i mezzi utili al lavoro nei campi devi fare il giro largo. Larghissimo oserei dire. Inoltre, da qualche anno c'è una sorta di legge, una gabola legale pericolosa, per cui se un campo rimane incolto per più di tre mesi diventa automaticamente dei coloni israeliani.

Abbiamo camminato tanto, siamo passate in mezzo a campi pieni di piante da frutto abbandonate. I fichi seccati direttamente sulla pianta. L'uva passa direttamente sulla vite. Sono campi abbandonati, ad un certo punto è più facile arrendersi. Sono campi che vedranno a breve i Bulldozer israeliani passare, radere al suolo tutto. Poi piazzeranno un container e inizieranno a costruire. È così che funziona nei territori occupati della Cisgiordania. Il modo d'incedere è subdolo perché ti spingono ad andartene, e quando te ne vai, quando rimani senza lavoro e senza il pane con cui sfamare i tuoi figli, ti offrono quello di cui hai più bisogno. Il lavoro, quello che ti han portato via. Infatti, come mi ha spiegato Amal, la gran parte delle persone che lavorano negli insediamenti israeliani sono palestinesi. Spesso sono gli stessi palestinesi che hanno perso tutto per mano dei coloni, che adesso gli offrono uno stipendio d'oro. Amal lo racconta con un tono di voce che lascia trapelare rabbia e delusione come fosse un tradimento di un fratello, perché il fuoco amico spesso è molto più doloroso.

Il copione è chiaro: ti piazzo un muro tra te e la tua terra, perdi il lavoro perché non puoi più raggiungerlo, hai fame e ti offro io un lavoro, ti pago bene per costruire casa mia sul terreno che ti ho appena rubato. Non è forse uno dei più grandi ricatti della storia?

Per i palestinesi dei territori occupati non c'è scampo da questa vita beffarda, ci sono solo dei piccoli pertugi ricreati per trapassare questo muro della separazione, o della vergogna che dir si voglia. Sono i Checkpoint. Sono delle porte, dei varchi militarizzati, attraverso i quali si può passare da Israele alla Palestina. E un po' meno facilmente dalla Palestina ad Israele. Ci sono passaggi per le auto, tornelli per il passaggio a piedi, e ci sono delle regole ferree custodite da ragazzini con il mitra. Diventa un'impresa praticamente impossibile se a chiedere di passare è un palestinese. Si creano file lunghissime ai checkpoint, specie durante gli orari di punta, specie per quei pochi palestinesi privilegiati che hanno la gentil concessione di andare a lavorare al di là del muro. Code infinite che diventano, sul finale, imbuti. Ore passate a sgomitare per arrivare faccia a faccia con una guardia che può decidere di non farti passare senza darti nessuna spiegazione in merito. La gran parte dei palestinesi non può varcare questi checkpoint, nel momento in cui arrivano al cospetto dei ragazzini militari armati di mitra, si sentono rispondere che per motivi di sicurezza il loro accesso è negato. Per questo motivo i palestinesi che vogliono prendere un aereo, non possono raggiungere l'aeroporto di Tel Aviv. Generalmente utilizzano Amman, o qualche aeroporto Giordano, ed entrano (o escono) in Palestina via terra. Questo è solo un altro metodo per spingere i palestinesi ad andarsene, senza badare al fatto che non hanno un posto dove andare.

Tipicamente quando riesci ad entrare nel tornello del checkpoint che, come un tritacarne, ti risucchia dall'altro lato e ti catapulta di là, ti ritrovi di fronte a dei ragazzini. Sono poco più che bambini e bambine, maneggiano mitra ed esplorano i tuoi documenti, la tua borsa, il tuo corpo con quell'aria che già di per sé basta a renderti criminale. Ti fanno sentire colpevole, ti viene da chiedere scusa. Diventi piccola piccola, minuscola, vorresti scomparire nella tua borsetta e maledire il momento in cui hai deciso di passare di lì.

Oggi mi sono soffermata sugli occhi neri della ragazzina che mi sta controllando. Non ha più di vent'anni, truccata, molto bella. In Italia sarebbe la tipa popolare del liceo, quella piena di followers che si fa le foto nel suo bikini a bordo spiaggia. Mi piacerebbe capire cosa le passa per la testa, se la vede come una mansione come un'altra oppure se crede davvero così tanto nella sua patria come lascia trapelare la fierezza con cui imbraccia il suo mitra. Io mi sento in difetto, mi sento di aver fatto qualcosa di male. Forse mi è finito accidentalmente nello zaino qualche oggetto di qualche negozio, o ho raccolto qualche pizzico di qualche sostanza stupefacente in qualche angolo della città, ho forse insultato qualcuno? Non so. Poi d'un tratto mi chiede se avessi amici palestinesi. Ecco cosa potevo aver fatto di male, non ci stavo arrivando. Rimango un attimo interdetta, le chiedo di ripetere la domanda fingendo di non aver capito il suo inglese. Mi richiede se ho degli amici palestinesi. Faccio un respiro, ho studiato prima di partire, sono addestrata anche io. So cosa devo rispondere. Rispondo che assolutamente no, non ho amici palestinesi. Non conosco nessun palestinese. Brava, ottimo lavoro. Risposta esatta. Mi ridà i documenti e mi fa passare.

Sono addestrata a sopravvivere qui, ma non sono addestrata a convivere con il senso di colpa e la sensazione di dover mentire sulle mie relazioni. Non ho imparato ad accettare e convivere con chi mi dice che è criminale instaurare dei rapporti con determinate persone, chiunque esse siano. Penso tutto il giorno a quell'episodio, mi sento di aver tradito Amal, Daoud e Daher, sento di aver tradito me stessa. I miei principi fondanti di una vita. Razionalmente so che era la risposta da dare, ed è quella che dovrò dare ogni volta che mi interfaccerò con Israele. È la risposta che dovrò dare in aeroporto, se vorrò tornare a casa. Provo vergogna, inizio a pensare che forse avrei dovuto starmene a casa e stare fuori da queste dinamiche. Forse, avrei preferito non conoscerle.

In Cisgiordania vivono oltre un milione di palestinesi e circa mezzo milione di israeliani. La questione preponderante, più incisiva, in questa situazione di occupazione è il controllo delle strade palestinesi e delle maggiori arterie delle città che di fatto è delegato al governo israeliano. Con gli Accordi di Oslo (1993-1995) veniva riconosciuto ai palestinesi di governare le loro città, ma ad Israele di gestire le strade dei Territori Palestinesi. E così i checkpoint si sono moltiplicati, e ogni checkpoint ha subito un processo di personalizzazione a seconda della soggettività e dei gusti di chi lo gestisce. Alcuni sono riservati solo ai pedoni, altri solo alle automobili, altri ancora ad entrambi. Alcuni sono aperti solo di giorno, altri solo di notte, altri sempre. Altri ancora a spizzichi e bocconi. Non c'è una regola, non si può fare affidamento. La gran parte sono diventati permanenti. Alcuni hanno delle tettoie per ripararsi dal sole, altri le avevano. Le hanno tolte perché non è una caratteristica dei checkpoint avere accortezze che rendano l'attesa più confortevole. Poi esistono dei checkpoint volanti, posti di blocco che compaiono su indicazioni dell'intelligence. Non so oggi quanti checkpoint ci siano, ho letto da qualche parte che nel 2004 erano circa settanta.

Israele con il suo mito della sicurezza vede i checkpoint come barriere necessarie che permettono ai militari di fermare i possibili attentatori che vogliono raggiungere Israele per compiere massacri. La gran parte degli arresti dovrebbero avvenire grazie a perquisizioni casuali, altri grazie a soffiate dello Shin

Bet, i servizi segreti israeliani che si occupano di vigilanza interna al paese. L'aspetto davvero snervante dei checkpoint, quello che incarna il modus operandi di rendere la vita impossibile, è che non hanno regole fisse. Di nessun tipo. Oggi è così, domani si vedrà.

Qui si incontrano quasi come fossero particelle di una supernova che sta per esplodere, la frustrazione, l'umiliazione e la rabbia di un popolo rinchiuso e il ripetersi alienante di un soldato che passa le sue giornate a decidere le sorti del suo vicino di casa. Ma è anche l'unico momento di contatto, occhi negli occhi, tra due popolazioni che la storia ha voluto rivali, che i governi hanno messo contro, ma in fondo sono vittime entrambe. Vittime di due sistemi opposti. Perché forse non c'è cosa peggiore che essere una persona giusta in sistema malato. Non essere d'accordo con una legge repressiva, ma non poter urlare "non in mio nome", perché il tuo non è un paese democratico.

Hassan mi racconta di Ahed Tamimi

Stasera prima di addormentami mi tornano in mente quegli occhi azzurri che erano dipinti sul muro di separazione, poco distanti dall'ingresso all'Aida Camp. Hassan ci teneva a portarmi a vedere questo murales perché è opera di un italiano. Ha allungato un po' il giro, e appena passati dall'Aida Camp, subito dopo una piccola curva, ci siamo ritrovati davanti il ritratto di un volto alto quanto il muro, una ragazza bionda con gli occhi azzurri, il suo nome è Ahed Tamimi, una ragazza palestinese di 17 anni rimasta in carcere per 8 mesi per aver contestato dei militari israeliani che si erano infiltrati nel giardino di casa sua. Il suo sguardo è fermo e deciso, il suo sorriso è quello dei giusti.

Ahed Tamimi, arrestata il 19 dicembre 2017 nel suo villaggio natale di Nabi Saleh dopo aver spinto, schiaffeggiato e preso a calci due soldati israeliani, è stata giudicata colpevole di quattro dei dodici capi d'accusa a suo carico: incitamento, assalto aggravato e impedimento a ciascuno dei due soldati di portare avanti il suo lavoro. Condannata ad una multa di 5000 Shekel, circa 1500€.

Il 19 dicembre, subito dopo l'arresto, la casa di Ahed è stata saccheggiata dai soldati durante la notte. Come riportato in una pagina di Amnesty International, nella quale si faceva appello al governo israeliano di rilasciare la minorenne, la famiglia di Ahed ha subito numerose minacce e diffamazioni in seguito a quell'evento. Il villaggio intero ha subito una campagna diffamatoria contro la loro lotta all'occupazione israeliana. Le minacce che si sono susseguite sono state anche di morte. Durante la detenzione, ha subito interrogatori aggressivi, a volte di notte, e minacce contro la sua famiglia.[2]

La ragazza è stata successivamente rilasciata il 29 luglio del 2018. Si dice che da anni la sua famiglia era impegnata in una lotta all'occupazione illegale israeliana, organizzavano manifestazioni molto partecipate e forse il loro carisma era pericoloso.

---

[2]"Rilasciare immediatamente Ahed Tamini" Amnesty International, https://www.amnesty.it/appelli/rilasciare-immediatamente-ahed-tamimi/

I Nassar e la resistenza di una fattoria

C'è chi costruisce muri, e chi di reazione costruisce ponti. Sono poche le realtà che sono state in grado di non reagire con rabbia, violenza, o fuga a questo stato di occupazione opprimente ed incessante. Io mi trovo esattamente qui, tra Betlemme e Hebron dove sorge una collinetta alta circa 900mt. sul livello del mare, lì nel 1916 la famiglia Nassar compra il terreno ed inizia a sviluppare la sua azienda agricola.

Oggi siamo nel West Bank, in Cisgiordania, in particolare nell'Area C. Ultimo baluardo palestinese in una zona attorniata da insediamenti israeliani illegali e dal muro di separazione, a contatto con l'occupazione incessante dei villaggi tutt'intorno.

Per ripercorrere rapidamente la storia di questa fattoria, dobbiamo tornare al 1916, anno in cui la famiglia Nassar acquista il terreno sottoscrivendo un atto che ne attesta ufficialmente il possesso. Inizialmente molti membri della famiglia Nassar che lavoravano in fattoria di giorno, la notte dormivano tra le otto cave scavate nel territorio. Utili per mantenere il caldo d'inverno e il fresco d'estate, ma soprattutto unica soluzione possibile nel momento in cui Israele ha vietato di costruire edifici sul suolo della fattoria. Sul terreno si coltivavano, oggi come allora, ulivi, viti, mandorli, alberi da frutto, grano e altre colture.

La fattoria inizialmente denominata "Daher's Vineyard" fu quindi acquistata più di cento anni fa, in un momento in cui una parte di palestinesi cominciava ad emigrare.

Varie generazioni si susseguono e tra l'incedere dell'occupazione, continuano a coltivare convivendo pacificamente con i vicini di casa, e mantenendo sempre aggiornata la validità dei documenti di proprietà.

Nel 1991, le autorità israeliane dichiararono la fattoria della famiglia Nassar e l'area circostante "terreno statale", dello Stato di Israele. Ma la famiglia Nassar possiede tutte le registrazioni fondiarie originali e le prove scritte che ha coltivato in modo continuativo la terra durante il dominio ottomano, britannico, giordano e israeliano.

La famiglia Nassar che fino ad allora aveva mantenuto ben conservati quei documenti che ne attestano la proprietà chiede aiuto al tribunale, reagisce all'azione di occupazione che tende all'esproprio totale, portando davanti alla Corte Militare israeliana e alle Corti Supreme tutto ciò che attestava il diritto alla proprietà, aprendo le porte ad una diatriba dolorosa ed infinita che prosegue ancora oggi.

Nel frattempo, l'occupazione israeliana prosegue, tutt'intorno si moltiplicano gli insediamenti abusivi di Israele, aprono strade asfaltate ed accessibili a questi nuovi agglomerati abitativi e parallelamente distruggono le strade che portano alle terre palestinesi.

Nel 2007 la Corte Suprema israeliana ha deciso che i Nassar potevano iniziare la re-registrazione delle loro terre nell'Area C,

come richiesto da Israele. Ma da allora il processo è stato ripe-
tutamente ritardato dal governo, costringendo i Nassar a riav-
viarlo più volte.

Nel 2019 i Nassar hanno finalmente ricevuto la conferma che
la loro domanda era completa. Dopo altri due anni di ulteriori
ritardi, nel marzo 2021 si è tenuta una riunione del Comitato
israeliano di registrazione per informare la famiglia dei prossimi
passi nel processo di re-registrazione. Nonostante le ripetute richieste, i Nassar continuano ad attendere i risultati di questo incontro. Da marzo a settembre 2021 non si è saputo nulla
dell'Amministrazione Civile, nonostante diverse richieste da
parte del loro avvocato.

A causa del ritardo nel nuovo processo di registrazione, l'avvocato dei Nassar ha preparato i documenti da ripresentare alla
Corte Suprema richiedendo ulteriori azioni. Nel giro di tre giorni
è stato informato che la commissione nominata dall'Amministrazione Civile per esaminare il caso si sarebbe tenuta il 18 novembre. Come in molti altri casi in passato, l'udienza è stata rinviata
e riprogrammata al 17 febbraio 2022. L'udienza del 17 febbraio
si è tenuta, ma il procuratore che rappresenta lo Stato non si è
presentato e il capo del comitato ha concesso allo Stato altri 45
giorni per presentare la documentazione a sostegno delle sue ar-
gomentazioni. La successiva udienza era fissata per il 15 giugno
2022. Tale data è stata nuovamente rinviata al 29 novembre
2022, rinviata al 15 gennaio 2023 e poi rinviata nuovamente a
metà luglio e poi a fine ottobre di quest'anno.

❀❀❀

Negli anni la fattoria è stata circondata da cinque insediamenti israeliani illegali, il blocco di insediamenti ha il nome di Gush Etzion, essi stanno crescendo fino a diventare città. Nel 2018, proprio accanto alla fattoria è stata costruita una scuola della Torah, anche essa in vertiginosa espansione. Sorgono nuovi muri tra la città dove la famiglia Nassar vive e la fattoria, l'unica strada sterrata accessibile viene riempita da massi a bloccarne il passaggio.

Il messaggio chiaro e poco gentile è sempre lo stesso, l'intento sempre quello di rendere la vita tanto difficile che per sopravvivere serenamente la scelta più semplice sarebbe andare a vivere altrove.

La famiglia Nassar ha deciso negli anni, di tenere la linea della legalità in risposta alle azioni illegali, e in qualche modo è sempre riuscita a fermare i progetti di distruzione della fattoria. Le azioni intimidatorie da parte di Israele sono state molte, hanno vietato la costruzione di edifici in fattoria, di fabbricare sistemi di canalizzazione dell'acqua, hanno tagliato la corrente elettrica, e i massi che hanno riversato sull'unica strada d'accesso alla fattoria sono stati protetti da un divieto di rimozione degli stessi.

Ma nel frattempo il lavoro in fattoria continua tra mille difficoltà. Per la coltivazione delle piante viene raccolta l'acqua piovana, mentre per l'uso domestico viene acquistata acqua che sia potabile. Nei sogni di Daoud ci sarebbe l'invenzione di un sistema di purificazione dell'acqua piovana in modo da diventare indipendenti anche da quel punto di vista. L'energia elettrica è ottenuta tramite l'installazione di pannelli solari, giunti in fattoria grazie alle donazioni di alcuni volontari stranieri che man mano iniziano a sostenere sempre di più questa fattoria, che nel tempo sta diventando un baluardo ed un segno della resistenza non violenta del popolo palestinese.

La risposta della famiglia Nassar a tutti gli avvenimenti avversi, all'occupazione illegale dei territori circostanti, ed alle continue vessazioni per sottrarle questo ultimo fazzoletto di terra, è una risposta di resistenza. Resistenza non violenta, seguendo le vie della legalità, creando un progetto allargato che coinvolga cittadini internazionali sensibili.
Nasce così il progetto *Tent of Nations*.

Nel momento in cui le vie naturali più semplici sono la lotta o la fuga, il vittimismo o la rabbia, la famiglia Nassar mette in chiaro lo slogan che li accompagna fino ad oggi: "We refuse to be enemies". Ci rifiutiamo di essere nemici.

Perché è un attimo entrare nella spirale della rabbia e dell'odio culturale, etnico e religioso in un contesto dove ti stanno portando via tutto, scivolare nello stereotipo di un popolo che rivendica con rabbia e violenza il diritto alla terra che le è stata rubata. In un contesto di ingiustizia istituzionalizzata, i Nassar iniziano un progetto che cerca di promuovere il dialogo e la collaborazione tra culture, etnie e religioni diverse. Apre le porte a chiunque voglia passare a fargli visita, ed inizia a creare una rete di volontari internazionali che facciano da scudo, manovalanza e spie luminose per la comunità internazionale.

Nei territori palestinesi occupati c'è solo un modo per sopravvivere ed è piantare alberi e coltivare i terreni. Perché non appena un terreno rimane incolto oppure senza presenza, vede i bulldozer israeliani radere al suolo tutto e iniziare a costruire un nuovo insediamento.

Tent of Nations nasce nel 2001, appena prima dell'inizio della costruzione del muro di separazione, inizia così ad organizzare una staffetta di presenze internazionali per mantenere viva la fattoria, con la speranza che anche in occidente si possano conoscere scorci di vita palestinese reale, senza i fronzoli e senza la narrazione di politicanti interessati.

Man mano che il progetto si espande e il numero di volontari diventa sempre più grande, crescono anche gli obiettivi ambiziosi di un luogo che deve saper badare a sé stesso in autonomia, puntando all'autosufficienza. Insieme alla collaborazione internazionale cerca di sviluppare progetti legati a tecniche agrarie ecosostenibili e con l'idea di creare un centro educativo e di formazione professionale per locali ed internazionali.

Da qualche anno, come forma embrionale di questo progetto, nelle prime due settimane del mese di luglio si tiene un campo estivo per i bambini della zona. Ogni anno si presentano dai cinquanta ai settanta bambini, principalmente palestinesi, provenienti dall'unico villaggio palestinese rimasto. Si recano tutte le mattine in fattoria per vivere una giornata all'insegna di momenti di aggregazione, spazi educativi e ludici. La presenza di volontari internazionali a luglio è concentrata principalmente sull'organizzazione del progetto, e di condivisione sulle varie attività. Il sogno, che a tratti ha l'aspetto dell'utopia, sarebbe quello di agganciare i bambini ad una realtà resiliente e non violenta, per far sì che possano entrare in contatto e conoscere un modo di reagire che non abbia la forma della violenza e del rancore.

La presenza internazionale di volontari che vi è anche durante il resto dell'anno è continua in qualunque periodo, e il tempo di permanenza del singolo dipende esclusivamente dal tempo che i visitatori hanno a disposizione. Il loro, il nostro supporto, spazia da lavori di manutenzione in fattoria, alla gestione delle strutture di accoglienza degli altri ospiti e al lavoro nei campi. Le coltivazioni sono principalmente vigneti, ulivi e alberi da frutto, e nel corso delle stagioni il lavoro prevede semina, raccolta, bonifica del terreno e sistemazione delle cisterne per la raccolta d'acqua piovana. A *Tent of Nations* si allevano anche alcuni animali, tra cui galline, piccioni, cani e un asino. A mano a mano i Nassar stanno cercando di incrementare la produzione dell'azienda agricola, ma a causa della situazione economica, non sono ancora al punto in cui possono raccogliere abbastanza da ottenere un profitto commerciale dai terreni agricoli.

A causa del lungo ritardo nel processo di re-iscrizione, *Tent of Nations* ha continuato a essere bersaglio di numerosi attacchi, Daoud mi tira fuori un pizzino come fosse un amuleto e mi inizia ad elencare i tristi avvenimenti.

Nel maggio 2021 ignoti hanno appiccato il fuoco alla terra dei Nassar e distrutto oltre mille alberi, tra cui centinaia di ulivi. Durante la primavera inoltrata del giugno 2021, veicoli militari e bulldozer israeliani sono entrati nella loro proprietà privata e hanno abbattuto circa cinquanta ulivi. Nel freddo gennaio 2022 i vandali hanno distrutto cinquanta ulivi maturi. E infine, il 28 marzo 2022 è diventata una data tristemente indimenticabile per Daoud e Daher che sono stati aggrediti e gravemente feriti in fattoria da uomini mascherati.

Il ritmo dell'espansione degli insediamenti, la costante preoccupazione per la sicurezza fisica della famiglia, la costruzione di strade riservate ai coloni, i blocchi stradali e i posti di blocco hanno contribuito all'isolamento di *Tent of Nations* e all'accrescere del senso di minaccia imminente ed estrema vulnerabilità.

Fichi secchi, pane fresco e rabbia

Una nuova mattina è alle porte e il mio piatto di fichi secchi, pane fresco e rabbia mi attende. Sono gli ingredienti principali che compongono la mia colazione di ogni mattina qui in fattoria. A dire il vero i fichi a volte sono secchi, altre volte sono freschi, colti direttamente dai numerosi alberi che ci sono nei campi qui intorno. Tra mandorli e ulivi che circondano la viuzza che porta dalla mia tenda alla cucina, io vedo solo fichi.

Adoro i fichi, è uno di quei cibi con i quali potrei farmi del male. Sono fichi piccoli, pepite di zucchero un po' *scrocchiarelle* grazie a quei minuscoli semini, la pelle un po' ruvida che mi solletica la lingua. Non so se mi piace il gusto, oppure il modo in cui posso giocarci. So solo che ogni volta che ne sto mangiando uno penso subito a prenderne un altro per esplorarlo, per sentire quel piacevole scricchiolio dolce sotto i denti. Ieri quando passeggiavo con Amal tra i campi e mi raccontava le varie vicende della fattoria, ogni volta che incontravamo una pianta di fichi ne coglieva uno per lei, e tre per me. E tra una storia e l'altra, oltre alla trentina di fichi che mi sono mangiata, iniziava a scorrere anche nelle mie vene rabbia sfusa, a profusione.

Ieri appena siamo scese dallo Sherut, ci siamo messe in cammino verso la fattoria, scavalcando massi e circumnavigando muri. Salendo era pieno di campi coltivati, ma lasciati in malora.

Era pieno di fichi seccati direttamente sugli alberi perché non c'è più nessuno che li viene a raccogliere. I proprietari di quei terreni non riescono più ad arrivarci, hanno deciso che l'unica soluzione possibile è quella di lasciare andare tutto. Magari sarebbe arrivato qualcuno ad offrigli un nuovo lavoro, ben pagato, per costruire un nuovo insediamento proprio lì. Lì dove quei fichi stavano lentamente e in solitudine seccando al sole caldo della Palestina.

Così Amal mi ha spinta in questo vizio, e io ogni mattina mi raccolgo qualche fico e me lo spalmo sul pane fresco. Alcuni giorni mi concedo il lusso di spalmarci anche un po' di yogurt, altri giorni mi limito.

Il pane arabo è il miglior accompagnatore, il freezer della fattoria ne è sempre pieno, ma Amal ce lo porta fresco ogni giorno. E non avanza mai. Qualcuno dice che il pane sia nato proprio là in Medio Oriente, c'è chi dice in Egitto, insomma non è chiaro ma pagherei oro per conoscere il genio che un bel giorno ha deciso di mettere insieme acqua e farina, aspettare qualche ora e poi cuocere l'impasto. In particolare, al pane arabo non ho mai saputo resistere, in gergo Khubz o Pita. È poco alto, non eccessivamente cotto, rimane morbido. Per aprirlo a metà non serve nemmeno il coltello, con le mani puoi seguire la naturale insenatura e dentro si apre una sorta di bolla d'aria che sembra nata per accogliere i fichi che ci sto per mettere. Che poi è la stessa camera dove riposa il kebab prima di essere morso.

Per me il pane ha sempre rappresentato l'umiltà e la dignità dei popoli. C'è un ricordo nitido nella mia mente, un'immagine che rivedo sin da quando ero piccola. Ogni volta che cade a terra un pezzo di pane mia nonna Grazia lo raccoglie, lo bacia e lo mangia. Lei non ha mai buttato in pattumiera un pezzo di pane e per me questo rimane uno dei più grandi insegnamenti e una delle più grandi forme di rispetto verso il cibo, e verso il pianeta Terra.

Dovremmo imparare a guadare dentro ogni pezzo di pane, tutti dovremmo cucinarlo almeno una volta, dovrebbero inserire la materia panificazione nelle scuole. In ogni tozzo di pane c'è un campo di grano. C'è l'acqua usata per irrigarlo, c'è il bosco abbattuto per fargli spazio e c'è la volpe che ha perduto la sua tana. In ogni tozzo di pane c'è il lavoro del contadino che semina, la benzina del mezzo che miete e c'è l'energia del mulino che macina la farina. In ogni tozzo di pane c'è il lavoro notturno del panettiere, ci sono le lunghe ore di lievitazione e c'è la legna che brucia perché possa cuocere.

A volte penso che la salvaguardia del nostro pianeta e di ogni essere umano, oggi più che mai, non c'entri nulla con la produzione scellerata a cui stiamo assistendo ma piuttosto con il rispetto di ogni singolo tozzo di pane. E nutro sempre una sorta di rispetto reverenziale per il pane. Le vie del Suq di Betlemme e Gerusalemme erano pervase del profumo del pane che veniva esposto con orgoglio dalle signore avvolte nel loro Hijab. C'è chi lo decora con dei semi di sesamo, chi lo fa un po' più lungo e chi con un buco in mezzo, ma la sostanza è sempre quella. Il pane fa parte della quotidianità del popolo palestinese. Amal ce lo porta ogni mattina in fattoria, cerchiamo di gestirlo in maniera intelligente senza farlo avanzare, ma eventualmente le galline lo apprezzano. Ho l'impressione però che finché ci sarò io le galline mangeranno semini, perché la colazione sta diventando un momento sacro in cui insieme al caffè arabo e ai fichi non posso fare a meno della mia Pita.

È un momento strano il mattino, man mano si riduce quel senso di vulnerabilità che la notte porta con sé, si trasforma, e tra un morso di fichi secchi e pane fresco mi ritrovo a bere litri di rabbia. Le prime luci del mattino riportano ai miei occhi gli insediamenti tutt'intorno, quattro insediamenti, ognuno con le sue caratteristiche che sembrano essere da monito per tutti noi. Il messaggio sembra chiaro, lasciaci finire qui che poi arriviamo anche lì.

C'è un insediamento ultraortodosso, pacifico, si fa i fatti suoi. L'unica occupazione della loro giornata è pregare, lo Stato di Israele li sostiene economicamente per pregare Abramo, studiare la Torah e fare figli. Un altro insediamento è prevalentemente economico, una sorta di insediamento dormitorio, la gente ci dorme la sera ma durante il giorno va a lavorare a Gerusalemme. Poi c'è l'insediamento dei rifugiati, sono per lo più profughi dell'est Europa, talvolta Ucraini. Sono stati messi lì ma non hanno nessun legame con quel territorio, come non l'avrebbero nemmeno in altri luoghi di Israele né della Palestina. E poi c'è un insediamento più attivista, con lo spirito da *conquistador*, e forse è proprio quel pensiero che non mi fa dormire bene la notte.

Nel gennaio di un anno e mezzo fa circa Daoud e Daher sono stati aggrediti da alcuni uomini incappucciati che sono entrati in fattoria, onestamente non so chi sia stato, ma la situazione qui è di estrema vulnerabilità. Un altro giorno la macchina di famiglia parcheggiata fuori dalla fattoria è stata trovata con tutti i vetri rotti e le gomme bucate. E un'altra volta ancora la piantagione di viti devastata da un incendio. Difficile capire chi sia stato l'artefice, né formulare capi d'accusa, però questi sono dei fatti realmente accaduti negli anni passati. Qui il mattino è così, ha l'oro in bocca, e rivela cosa ne è stato della notte.

È forse il Grande Fratello?

In Palestina le pietre crescono insieme agli arbusti, insieme alle piante infestanti. Così Daher giustifica quel lavoro da matti che ci stiamo ritrovando a svolgere da ore. Non si capisce come sia possibile che in questi campi ci siano così tante pietre, tutto il terreno è ricoperto da massi di diverse dimensioni. Il focus dei prossimi giorni in fattoria sarà quello di preparare il terreno per piantare trecento piante di uva. Il periodo è buono perché inizia a non fare più così tanto caldo e si avvicina il momento delle piogge. In realtà in queste mattine il cielo è spesso nuvoloso, e qualche goccia d'acqua tenta invano di inumidire il suolo arido.

Per poter piantare in maniera efficace, Daher ci spiega che per prima cosa vanno rimosse tutte le pietre che ci sono nel campo, perché poi dovranno passare con il trattore e le pietre grosse rischiano di farlo ribaltare. Quindi guanti sulle mani e schiena china sulle sterpaglie per dare la caccia a questi grandi massi.

È un mare di massi in realtà, Daher ci dice che in Palestina crescono i sassi, non si capisce come siano arrivati fino a lì. Ma la cosa più impegnativa di questo lavoraccio è che i sassi sono annidati ed imbrigliati in questa sorta di arbusti secchi e spinosi che perforano i guanti da lavoro e si conficcano nella pelle dei polpastrelli. Ho perso il conto di quante schegge ci siano nelle mie dita, so solo che, se sbaglio ad impugnare il masso successivo le mie urla le sentono a chilometri di distanza.

Il piano, quindi, è quello di prendere i massi e spostarli tutti a lato. L'idea è quella di formare dei muretti che creino a loro volta delle strisce di terra pulita, dentro le quali dapprima passerà il trattore e poi verranno messe a dimora le viti.

Siamo io, Daher, Noah e Steve. Steve è un ragazzo di origini etiopi che vive nell'Ohio, è qui a Gerusalemme per una sorta di progetto Erasmus. Studia un ramo della cooperazione internazionale e alcuni dei suoi professori gli avevano parlato di Daoud. Il mercoledì e il venerdì mattina non ha lezione, quindi, viene a darci una mano. È un tipo curioso, l'impressione è quella di un ragazzo preciso e puntiglioso. Sarà perché lo vedo con i vestiti puliti e intonsi, mentre io e Noah al momento facciamo pietà. Mi sta ossessionando in questi giorni il mio stato randagio, era tanto tempo che non mi trovavo in una condizione con poche comodità, e non mi sono ancora ben organizzata. In questo momento vorrei solo lavarmi i capelli e profumare, e invece raccolgo pietre e sudo.

La cosa bella è che qui nei campi non c'è la minima aria di sessismo, la parità dei sessi è assoluta. Se ho la sfortuna di trovare un macigno, devo spostare il macigno. Posso quasi sentire i commenti dei miei fratelli che mi dicono che da anni vado in giro a predicare la parità dei sessi, l'anti-patriarcato e l'odio verso la cavalleria, e che questo è quello che mi spetta. Una sorta di karma. Ovviamente per rimanere coerente con me stessa, se trovo un macigno mica posso chiedere aiuto, un sistema per spostarlo da sola lo trovo. Daher mi guarda e sorride, mi tiene d'occhio per vedere fin dove posso arrivare.

Daher è uno dei tre fratelli Nassar che insieme ad Amal e Daoud gestiscono la fattoria, è il fratello maggiore, quasi anziano. Ha sessantacinque anni, baffo lungo e pochi capelli rasati. Lo sguardo rassicurante di un uomo che è cresciuto nelle difficoltà della vita contadina, il sorriso divertito e beffardo di un nonno che assiste al miracolo di sua nipote che zappa i campi. Quasi non ci crede quando risalgo il campo con la mia carriola piena di fieno, quando cerco strategie per incastrare il forcone tra il mio braccio e il mio tronco, per non rifare due volte quella Via Crucis che porta dai campi alla stalla dell'asino.

Questo lavoro è un incubo, sposto una pietra e ne vedo altre tre, ma ad un certo punto sento Steve e Noah che urlano di correre da loro che han trovato una cosa. Li vedo fare foto pieni di entusiasmo. Io lancio il sasso che ho in mano e corro come una matta, mi sto già immaginando un fossile del paleolitico o uno scorpione raro. Arrivo lì e tutto questo gran casino era per una mantide religiosa. Forse in Ohio e in Inghilterra non esiste, ma sinceramente quando a scuola avevamo costruito un terrario di classe, la mantide religiosa era stato il mio contributo a quel progetto. Mi ricordo quella mattina di primavera in cui nonna Francesca mi stava accompagnando a scuola e all'angolo di casa ci troviamo questa mantide verde e gigante appollaiata al sole. La nonna l'aveva adagiata sul suo dito e l'aveva portata fino a scuola, fino alla maestra che l'aveva appoggiata nel nostro terrario di classe. Adesso non vado molto fiera di questo gesto, insomma non mi verrebbe da chiudere un animale in quattro pareti di vetro, però ero piccola ed era un compito in classe. E, a dire il vero, ai tempi ero anche piuttosto orgogliosa.

Comunque, un po' di stupore l'ho finto, e poco dopo ho appurato che né Noah né Steve avessero mai visto questo animale mitologico mangia mariti. Sicuramente era stato un bel diversivo per smettere per qualche minuto di raccogliere pietre. Daher nel frattempo ridacchiava, forse era più stupito di me da questo siparietto, pareva un po' incredulo quando ad un certo punto iniziamo a sentire un ronzio strano. Non si capiva bene da dove venisse, era un po' forte per essere la mantide, e poi non credo che possa fare un verso del genere. Avrei potuto pensare che fosse un mio calo di pressione, il momento prima di uno svenimento, ma anche Daher con aria preoccupata mi chiede cosa fosse quel rumore. Allora ho capito che lo stavamo sentendo tutti. Guardiamo verso gli insediamenti ma tutto prosegue imperterrito come sempre, i bulldozer scavano e gli operai si cacciano urli come al solito. Ad un certo punto mi scatta un istinto di guardare in cielo, vedo un puntino che si avvicina sempre di più e man mano prende forma. Un drone.

Arriva e si ferma sopra le nostre teste, io lo guardo. Lui mi guarda. Cinque secondi che sembrano infiniti poi torna da dove è arrivato. Come se non l'avessi capito Daher mi guarda e mi dice che è un drone, ridacchia al solito e mi dice che è Israele che controlla. Non è la prima volta.

Io sinceramente sono un po' sconvolta perché adesso mi ha trovata nel campo che raccoglievo pietre, se fosse passato due ore fa magari mi avrebbe trovata in bagno a braghe calate. O magari nel tardo pomeriggio avrebbe potuto trovarmi nuda tra le due lamiere senza tetto, dentro le quali mi prendevo a secchiate d'acqua fredda simulando una doccia. E tra l'altro mi prende anche un po' di paura, perché tra tre settimane dovrei tornarmene in Italia e se in aeroporto si dovesse sapere che ho passato del tempo in Cisgiordania, tra palestinesi per di più, potrebbe non bastare un pomeriggio di interrogatorio per darmi il via libera al rientro. Sono così conciata che penso che nemmeno mia madre potrebbe riconoscermi in questo momento, ma ho un tatuaggio evidente e unico sul braccio, non ho scampo.

A me questa storia continua a sembrare una follia, comunque, al di là delle mie personali preoccupazioni. Daher è a casa sua che si sta facendo i fatti suoi e un drone gli piomba sulla testa e controlla quello che fa. Mi sembra di vivere in un film distopico, ora mi aspetto Jim Carrey che sale delle scale che si aprono dal cielo nuvoloso sopra l'insediamento, per salire al cospetto di Christopher, il manovratore del Grande Fratello.

Modi di ospitare e modi di essere ospitati

Le solite zampe del gatto sul tetto del mio container mi ricordano che un'altra notte tormentata è finita, la luce entra dalla finestrella vicino al mio letto e una leggera pioggia solletica la lamiera che mi circonda. Non sono una grande amante della pioggia, ma qui non si stava aspettando altro. Qui si campa con la pioggia, il terreno ha bisogno di acqua per essere ammorbidito perché tra qualche giorno ci dobbiamo piantare le nuove viti.

Non sembra una quantità di pioggia interessante, mi faccio coraggio, salto fuori dal mio sacco a lenzuolo e vado a darmi una lavata. Il mattino e la sera fa freddo, la felpa non mi basta mai, ho sempre bisogno del k-way anni '70 preso in prestito da mia mamma a proteggermi dal vento. La mamma trova sempre il modo di proteggermi, in qualunque parte del mondo io mi trovi. Raccolgo i miei fichi, e metto su l'acqua per il caffè. Nel mentre arriva Noah, oggi magari fa colazione.

Stamattina succede una cosa strana, non avevamo ancora finito il nostro pane e fichi, che arrivano sia Amal che Daoud. Generalmente prima delle dieci non si vede nessuno. Arrivano e si catapultano fuori dalla macchina, ci salutano velocemente, e iniziano a scaricare dei sacchetti. Rimango un attimo perplessa finché Amal non trova un attimo per dirci che oggi arrivano ospiti.

Io ogni volta che sento ospiti impazzisco all'idea che stiano qui a dormire, che quando andrà via Noah non sarò qua da sola.

Ma in realtà no, sono tutti gruppi che visitano la fattoria in una gita di giornata.

Daher al momento è in tribunale, arriverà. Intanto dobbiamo darci da fare noi perché arriverà un gruppo dal Galles, uno della Germania e uno dalla Svizzera. Daoud è in fibrillazione, inizia a darmi mille cose da fare, ambienti da pulire e aree da riordinare. È incontenibile, non l'ho mai visto così, salta da una parte all'altra. È su di giri. Vuole che tutto sia perfetto quando arriveranno gli ospiti.

Daoud e la sua famiglia mi avevano già fatto pensare a come si possa resistere senza essere violenti, oggi mi stanno facendo pensare a come sia possibile raccontare una storia di difficoltà e disagio senza cadere nella trappola di fare pietà. Perché in realtà c'è una parte di occidente che un po' ci sguazza nelle storie di estrema povertà, una sorta di turismo che ti permette di tornare a casa e raccontare di aver visto una situazione di disagio estremo. Magari se durante questo viaggio hai anche la possibilità di renderti utile, diventa ancora più soddisfacente. Ti fa sentire una persona migliore. Un po' come quella pubblicità di qualche anno fa in cui un bambino africano, forse del Darfur, aveva una mosca che gli risaliva lungo la narice e lui nemmeno la forza di cacciarla via.

C'è stato un momento in cui siamo stati bombardati da questo tipo di messaggi che, se da un lato potevano avere il fine nobile di far conoscere nuove realtà e smuovere coscienze, dall'altro hanno messo l'accento sulla nostra superiorità economica.

Hanno portato milioni di persone ad andare in India con borse piene di caramelle da distribuire ai bambini che ti si incollano addosso. Hanno portato intere navi di signori benestanti a dare mance ai bambini che correvano in libertà sulle spiagge di Santo Domingo. Ci hanno messo ancora una volta in una posizione di superiorità, quasi da *conquistadores*, ma di quelli buoni e che stavolta hanno deciso di volerti bene. Un *conquistador* che ha la coscienza smossa, ti tratta bene e ti fa regali.

A volte mi chiedo se questa narrazione possa fare del bene, oppure se non faccia altro che metterci sempre nella posizione dell'economicamente più forte.

Viaggiare per me è un modo di conoscere gli altri, un'opportunità rara di mettersi fianco a fianco di popoli lontani. Se c'è una cosa che mi hanno insegnato prima di partire per quel mio primo viaggio in Nicaragua, è stata l'importanza di entrare in punta di piedi. In qualunque posto andrai nel mondo, entra in punta di piedi, mi dicevano. Sei ospite. Sii te stessa, ma in punta di piedi. Sei arrivata un giorno, e un altro giorno te ne andrai. È facile fare moralismi, distribuire ricchezza ai bambini e sconvolgerti per le case di lamiera che non hanno nemmeno un bagno. Potrai anche viverci un po' in queste case, senza acqua e senza elettricità. Senza bagni. Potrai assaggiare una briciola della fatica, ma poi te ne andrai. O nell'ipotesi più rara sceglierai di rimanere, ma sarà comunque una scelta. Potrai decidere in qualunque momento di andar via. Quindi si, possiamo conoscere, ma forse non capire davvero fino in fondo.

La sala delle conferenze deve essere tirata a lucido, forse è un po' che non viene usata. È in una delle otto cave, quelle che una volta erano le case della famiglia Nassar, e che adesso sono state riadattate. Tolgo qualche ragnatela, un po' di polvere, e delle foglie che inevitabilmente si erano appostate all'ingresso e il primo colpo di vento ha fatto entrare. Mentre corro da una parte all'altra, Daoud mi urla delle cose e io ne capisco la metà. Mi sembra di vedere me stessa l'ora prima che arrivino degli ospiti a cena, inizio a pulire ogni angolo della casa in maniera compulsiva e poco efficace. Una frenesia del perfetto che pensavo fosse solo occidentale, invece evidentemente ogni angolo di mondo, a suo modo, ce l'ha.

Nel mezzo della mia fibrillazione mi si presenta davanti una signora sull'ottantina, robusta, capelli bianchi cotonati e sorriso sulle labbra. Poteva essere mia nonna se non fosse che quei capelli bianchi in realtà erano tinti di viola. Inglese di Manchester, una sorta di Big Mama inglese. Beth, una volontaria che viene tutti gli anni qui in Palestina, ha dei progetti di ascolto ed accoglienza per le donne palestinesi a Betlemme. Mi impone di fermarmi, lei e Noah devono farmi assaggiare il loro tè inglese. Tiro un sospiro di sollievo, in realtà avevo bisogno di qualcuno che riportasse un po' di calma di dentro di me, stavo assorbendo l'ansia di Daoud di accogliere gli ospiti.

Tè caldo e latte freddo, solo così è il vero tè inglese. Beth mi racconta che sono dieci anni che torna qui, generalmente si ferma undici settimane, quest'anno starà solo sette. Ha visto la Palestina cambiare, ha visto anno dopo anno aumentare le pressioni da parte del governo di Israele. I coloni e gli insediamenti sono sempre di più, è come se ci si trovasse con il petto in una pressa che anno dopo anno stringe sempre un po' di più. I respiri sono sempre più corti e più veloci, non ti accorgi di quanto sia importante respirare finché non stai per soffocare. Ma c'è un istinto in tutti noi che ci tiene vivi, quello che non ti fa smettere di respirare nemmeno quando non c'è più traccia di ossigeno intorno a te.

Sono anni che Beth incontra palestinesi, che raccoglie le loro storie che ad un certo punto sembrano normalizzare il fatto che la gran parte della gente che vive qui a Betlemme non ha mai visto Gerusalemme. In certe zone di Betlemme sono al massimo cinque i metri che in linea d'aria la separano da Gerusalemme, la larghezza del muro. Ma per tanti, quasi per tutti, è uno spessore invalicabile.

Stiamo lì a raccontarci storie che ci marciscono il fegato, quella rabbia che scorre inesorabilmente a profusione da giorni anche nelle mie vene. Parliamo ma non sappiamo davvero cosa vuol dire, in fondo siamo europee, abbiamo uno dei passaporti più forti del mondo, non abbiamo origini arabe né la pelle scura. Abbiamo il mondo a disposizione, non come Fatima.

Fatima e il suo crimine

Fatima è una venticinquenne britannica, amica di Beth. O meglio Beth l'aveva conosciuta in un suo viaggio in Palestina, proprio come sta conoscendo me adesso. Occhi verdi, pelle olivastra e labbra definite. Lo sguardo intelligente di chi ha viaggiato tanto, di chi ha conosciuto realtà diverse senza giudicarne nessuna. Zaino in spalla aveva girato Israele e Palestina, e dopo due settimane, a vacanza finita si reca mestamente in aeroporto con la classica, leggera ansia che aleggia intorno ai controlli del Ben Gurion.

Ma il suo passaporto è inglese, e si sa che certi passaporti ti fanno stare più tranquilla. Quindi era pronta a rispondere sinceramente alle domande che le avrebbero fatto per poi arrivare a casa per cena, sua mamma le aveva promesso il Dahl di lenticchie, il suo piatto preferito.

Dopo code infinite e attese bibliche, finalmente Fatima arriva al cospetto del Nostro Signore ai controlli del passaporto. Occhi di ghiaccio, sguardo inquisitorio e angolo della bocca piegato leggermente verso l'alto come a dispiegarsi in un sorrisetto sadico. Una sensazione nella quale riesco ad immaginarmi, perché al checkpoint l'avevo vissuta simile. Le domande iniziano incalzanti. Perché sei venuta in Israele, dove sei stata, hai degli amici palestinesi, come si chiama tuo padre, qual è la tua religione, sei stata nel West Bank, cosa ti è piaciuto di più di Israele, hai degli animali domestici?

Fiumi di parole, incalzanti, a cui devi rispondere in una frazione di secondo sapendo che tradirti è un attimo perché il tuo valore di giusto e di sbagliato è diverso dal loro. Nel mentre sai che quegli occhi di ghiaccio stanno scrutando i tuoi, sono addestrati a cogliere la posizione di una ruga o le pupille dilatate in modo inconsueto come segnali inequivocabili di una menzogna. Magari inizi a sudare e il respiro ti si fa più affannato, perché sai che non si scherza. Sei al banco degli imputati e ti devi difendere. Le accuse non sono chiare, ma devi trovare il modo di difenderti.

Le domande continuano e nella testa si trasformano in un ronzio, gli occhi si gonfiano ma non puoi piangere. Ammetteresti una colpa che non sai, ti dichiareresti colpevole. Ad un certo punto dicono a Fatima di seguirli, la prendono e la portano in una stanzetta. Vogliono approfondire. Anche Fatima vorrebbe sapere dove ha risposto male, se ha risposto male. Ma un dubbio inizia a tampinargli la testa.

Fatima è mussulmana ed ingenuamente l'ha dichiarato. È nata in Pakistan, il suo piatto preferito è il Dahl di lenticchie. La sua pelle sicuramente non ha il colore degli occidentali, o meglio, ha il colore della pelle che noi occidentali vorremmo quando passiamo le giornate sotto il sole, sulle brandine e con i nostri magici olii abbronzanti. Ma nessun inglese è mai riuscito ad avere una pelle così ambrata. Ecco scovato il mistero, la sua storia e il suo volto la legano al mondo arabo. E all'aeroporto Ben Gurion di Tel Aviv è una colpa.

Nello sgabuzzino dell'aeroporto, circondata da guardie israeliane, le viene chiesto di consegnare tutti i documenti e il cellulare con tutte le password. Mail, Instagram, Facebook, Whatsapp. Tutto dev'essere a loro disposizione.

Fatima era lì, nuda. Non il suo corpo, ma la sua vita. Indagata e trafugata non per qualcosa che ha fatto, ma per quello che è. Tremava in quella stanza in cui tre persone stavano decidendo se la sua esistenza, la sua religione e la sua etnia fossero legali oppure no.

Quattro lunghissime ore in quella stanza, non sappiamo niente di più preciso su quello che le abbiano chiesto là dentro, ma questo basta per farci capire che ci sono posti al mondo in cui ancora fa la differenza il colore della pelle e il tuo credo.

Fatima dopo quattro ore chiaramente aveva perso il suo volo, ne ha trovato un altro per il mattino successivo, ovviamente pagato a sue spese.

Quella notte ha dormito sul pavimento dell'aeroporto, anzi no, non ha dormito. Si è sdraiata sul pavimento dell'aeroporto che l'ha fatta sentire una criminale solo perché sua madre è pakistana e mussulmana. Pensa a sua madre, la prima persona che ha chiamato ad interrogatorio finito, che continuava a chiederle scusa.

Scusa Amore.

Pensa al suo Dahl di lenticchie ormai freddo. La faccia si scalda, quasi si infuoca, e due lacrime iniziano a correre lungo le sue guance. Vorrebbe l'abbraccio caldo di sua madre, vorrebbe che i baci di sua madre le asciugassero quelle lacrime che mai erano state così salate. Le corrono in bocca e si ritrova a masticare un chewing gum al sale e rabbia. Si toglie lo zaino ed appoggia la guancia al pavimento freddo dell'aeroporto, vede solo scarpe che corrono avanti e indietro, si chiede quanti altri criminali come lei ci fossero in quell'aeroporto.

La notte più buia

Sapevo che sarebbe arrivato quel momento prima o poi, il momento in cui mi sarei ritrovata in fattoria da sola, la notte. Avevo saluto Noah con le lacrime agli occhi, avrei sentito la sua mancanza. Il tramonto era passato, e pian piano le luci naturali che si stanno affievolendo lasciano il posto alla solita musica e alle solite luminarie degli insediamenti. Il vento freddo tirava già da una mezz'oretta quando Amal viene a dirmi che sua madre non stava bene, doveva andare in città a provarle la pressione. Io avevo già capito dove volesse arrivare con quel preludio. Mi chiede se è un problema per me rimanere da sola stanotte. Le rispondo di no perché era nota la mia paura fottuta di stare lì da sola, però di certo non posso dire ad Amal di stare qui con me e di lasciare che sua madre stia male da sola in città. Le dico di andare, me la caverò. Starò faccia a faccia con la paura, ma in qualche modo arriverà mattina. E poi non succede niente da mesi, forse da anni qui, è statisticamente molto improbabile che succeda qualcosa proprio stanotte che sono qua da sola. E comunque mi aspetta un'altra settimana del genere, sarà meglio che inizi ad abituarmi a farmi compagnia da sola qua.

Amal va via, io mi cucino due uova al volo e mi vado a chiudere nella mia stanza. Sono le sette di sera ma per me è già notte, vorrei addormentarmi e svegliarmi domani mattina ma ovviamente è troppo presto. Scrivo un po' a casa, sento alcuni amici, e mi metto nelle orecchie i miei soliti Podcast. Stasera provo a mettere una puntata di *training autogeno*, una sorta di *bodyscan* che mi possa aiutare a rilassarmi e prendere sonno.

Un'ora di puntata e io sono ancora sveglia. Forse l'unico beneficio è che la mia mandibola è un po' meno serrata, provo a fare dei respiri profondi ma alcuni mi si spezzano a metà. Tolgo un attimo gli auricolari e mi metto alla finestra per vedere che sia tutto tranquillo, per accertarmi di essere ancora sola, cosa che a questo punto mi auguro. Tutto tace, solo musica e vociare dagli insediamenti, ho imparato che quella è la normalità.

Mi rimetto a letto, altro Podcast, stavolta ascolto qualche notizia del mondo ma il tutto è poco confortante e mi mette un po' di angoscia. Provo a mettere un po' di musica ma come sempre la mia musica, quella che mi piace, non mi rilassa ma mi carica a molla. Non va bene. Intanto si è fatta mezzanotte e io sono ancora qua vigile come dovessi iniziare un incontro di tennis, mi rigiro a destra e sinistra nel mio sacco lenzuolo, vorrei mettermi con le gambe a squadra ma il sacco è troppo stretto e questa cosa stanotte mi innervosisce più del solito.

Mi alzo e faccio due passi, giù è sempre festa grande e qui sto contando i minuti. L'unica cosa che è riuscita a rilassarmi è stato il Podcast di meditazione, forse l'ho ascoltato troppo presto, provo a rimetterlo nelle orecchie e magari insieme al fatto che sono le due di notte, dopo una giornata a spostare sassi, può fare effetto.

Piano piano inizio ad abbandonarmi alla voce del Podcast, la seguo e mi rilasso, pian piano scivolo in uno stato di sonno leggero. Tolgo le cuffie e finalmente, intorno alle tre del mattino, mi addormento.

Mi sveglio con il tetto di lamiera del cascinotto in cui sto dormendo che trema, sembra che il cielo stia brontolando come se un temporale si stesse avvicinando. È altamente improbabile che sia qualcosa di brutto, sono io che ho talmente paura che il minimo rumore che sento lo interpreto come tragedia. È sicuramente un temporale. Ci speravo perlomeno, speravo fossero tuoni. Mi affaccio appena alla finestrella del cascinotto ma vedo solo un piccolo sprazzo di cielo, mi pare limpido, ma è troppo poco per giudicare il tempo.

Vado verso la porta per uscire a controllare, ma vedo che corre verso di me Jack, il molosso nero pece che stava nel recinto a inizio proprietà. Ieri sera ho pulito io la sua cuccia e tutto il suo spazio, e quando l'ho fatto rientrare sono sicura di averlo chiuso bene. Come è possibile che sia libero? Qualcuno deve averlo liberato. Lo lascio passare ed esco, guardo in alto ed il cielo non era mai stato così limpido da quando ero arrivata a *Tent of nations*, non poteva essere un temporale.

Poi d'improvviso inizio a sentire delle sirene, non so esattamente che significato dare a questo suono vicino, ma non vicinissimo. Nel giro di alcuni secondi passano alcuni caccia qualche metro sopra la mia testa, erano davvero molto bassi. Sono confusa, non capisco. Il cane libero, le sirene, gli aerei così bassi.

Non so cosa stia succedendo ma inizio a sentire delle strane sensazioni nel petto.

Chiamo Daoud, gli dico che il cane è impazzito ed è in giro libero per la fattoria, cosa faccio? Lui mi dice di star tranquilla, se con un pezzo di pane riesco a riportarlo nel recinto bene, altrimenti lo farà lui quando arriva. Poi mi chiede se quel mattino dovessi andare a Hebron, gli dico di sì e lui si raccomanda di prendere un taxi. Mi dice di non prendere pullman né sherut perché non ce ne sono, sta succedendo qualcosa ma non si capisce cosa. Anzi, sarebbe meglio se non ti muovessi proprio da lì mi dice, almeno finché non capiamo qualcosa in più.

Riattacco con Daoud e mi chiama subito Amal. Il suo tono era nettamente diverso da quello di Daoud, era molto agitata. Mi dice assolutamente di non andare a Hebron, di non uscire per nessun motivo dalla proprietà, mi dice che sta succedendo qualcosa di grosso, ma non sappiamo ancora cosa. Poi cerca di rassicurarmi dicendomi che sono nel posto più sicuro che possa esserci, si raccomanda di non fare nulla, di non lavorare, di sedermi sotto il portico e di leggere un libro, ma di non uscire da lì.

Iniziavo a sentire l'adrenalina scorrermi nelle vene come un fiume in piena. Intanto in sottofondo aerei, sirene e boati si facevano più nitidi e prima di riattaccare Amal mi chiede di andare a guardare verso Gaza, mi chiede di dirle cosa vedessi. Giro l'angolo del cascinotto e vedo Gaza sullo sfondo, vedo missili che partono quattro per volta a un ritmo incalzante. Vedo funghi di fumo appena sotto di me, tra le strade di Gerusalemme e Betlemme.

Adesso pian piano si sta facendo tutto più chiaro, riattacco dalla chiamata con Amal e vedo un messaggio di mio papà che mi chiede se sto bene perché a casa stanno arrivando delle notizie poco confortanti riguardo un attacco di Hamas ad un rave nella striscia di Gaza.

Non poteva essere un caso. Ero sola, la prima notte da sola a *Tent of Nations*, ultimo baluardo palestinese tra i territori occupati dagli insediamenti israeliani. Non capivo, ero vestita bene, pronta per andare a Hebron a trascorrere il mio giorno libero. Daoud e Amal che mi chiamano e mi dicono di non muovermi. Sta succedendo qualcosa, ma non si sa cosa. Il cane che era chiuso nel recinto è riuscito a sfondare la porta, ed è scappato. La forza animale della paura. E la mia paura trasudava.

Ho cambiato tre magliette e mi sono lavata tre volte nel giro di due ore, ma niente. La paura ti si appiccica addosso come catrame.

Da casa continuano ad arrivare notizie poco confortanti, pare che Hamas per la prima volta nella storia del conflitto, abbia sfondato il muro che divide la Striscia di Gaza da Israele.

Il 7 ottobre israeliano si inizia sempre più a delineare come l'11 settembre statunitense.

Nessuno riesce a raggiungermi in fattoria, è pericoloso muoversi e stanno cadendo missili anche nelle vicinanze. A Gerusalemme, ma anche a Beit Jala. Le sirene sono sempre più forti e le esplosioni sempre più vicine.

Adesso sono un po' più lucida, ho i sensi iperattivi, ho capito cosa significano le sirene. Significa mettersi al riparo in un rifugio antiaereo, ma ovviamente io non ne ho nemmeno uno. Ci sono le cave, ma non so quanto siano sicure, potrebbe essere che con le vibrazioni delle esplosioni mi crolli addosso il terreno che ho sopra la testa, forse non è una grande idea.

Di certo nel cascinotto non posso stare, ho sul tetto la cisterna della raccolta dell'acqua piovana che, se qualche missile troppo vicino facesse vacillare mi ucciderebbe all'istante. Inoltre, nella cucina in fianco ci sono le bombole del gas. Così, a naso, mi allontanerei anche da quelle.

Quindi preparo lo zaino in fretta e furia mentre tutt'intorno continuano a risuonare sirene ed esplosioni. Adesso le sento vicinissime, sono nei villaggi sotto, sono sicura.

Prendo lo zaino e lo porto fuori all'aperto, mi metto addosso il marsupio con soldi, documenti, passaporto e cellulare, e penso ai miei nonni. Quando la notte arrivava Pippo, il caccia bombardiere ai tempi della grande guerra, i loro genitori li prendevano e li portavano in mezzo ai campi. Avrò sentito mille volte questo racconto, prendevano in braccio i fratellini più piccoli, spegnevano le luci di casa e correvano tutti in mezzo ai campi. Quello era il posto più sicuro.

Mi sembra di sentire nonno Luigi, *Luis* come lo chiamo io, che si raccomanda di correre in mezzo ai campi, lontano più che posso dalle costruzioni. Non posso non ascoltarlo, proprio lui che fin da piccola mi ha insegnato la curiosità verso il mondo. Lui che nonostante non avesse mai visitato nulla al di fuori dell'Italia, nonostante il suo viaggio più esotico sia stato in Romagna, ha saputo raccontarmi storie di qualunque parte del mondo che altro non hanno fatto che alimentare la mia voglia di esplorare. Allestiva cinque angoli di casa come fossero i cinque continenti; c'era l'Africa, calda vicino al calorifero, dove metteva la pantera e altri pupazzi a tema. L'Asia con i suoi panda, l'Oceania con gli squali, l'America e l'Europa dove si metteva a quattro zampe e io ci salivo in sella come fosse il cavallo selvaggio che mi portava in giro per il mondo, e ogni continente aveva la sua storia. Ogni giorno una storia diversa.

Quindi forte dei suoi insegnamenti vado tra le vigne, mi siedo sul versante della collina che volge verso Gaza e chiamo Daoud.

Devo trovare il modo di andarmene, anche se dicono che la fattoria sia il posto più sicuro, non stavo vivendo bene il fatto di essere lì da sola. Daoud mi dice che sta lavorando per cercare un taxi da mandarmi. Mi chiede se nell'attesa che arrivi il taxi posso andare a dare da mangiare agli animali.

Non so esattamente quando sarà la prossima volta che Viky, l'asino, avrà il privilegio di mangiare il fieno. Per cui abbondo, forconi pieni di fieno tra esplosioni vicine ed altre più lontane. Tra sirene e caccia bombardieri che ci passano sopra la testa. Chiuso in un recinto, lo lascerò al suo destino. Forse, con il senno del poi l'avrei lasciato libero perché nessuno si merita di non avere nemmeno la possibilità di scappare.

Nemmeno un asino. Nemmeno le galline. Nemmeno i piccioni.

Eppure, c'è un popolo che è chiuso dentro da anni. Un muro dopo l'altro, un checkpoint dopo l'altro, hanno confinato i palestinesi negli unici due territori rimasti a loro, si fa per dire. La Cisgiordania e la Striscia di Gaza. Si fa per dire perché nemmeno chiusi in questa trappola per topi, in questa boccia di vetro, sono tranquilli. Israele è lì che incombe come una minaccia inesorabile sulle loro terre e sulle loro case. Costruiscono muri come fossero di *Lego*. Dividono la Palestina da Israele. Dividono le terre dei palestinesi dalle loro abitazioni. Tagliano acqua, luce e gas. Rendono sempre più complesso arrivare ai campi, rendono la resa l'unica soluzione. E dopo tre mesi che un campo agricolo non viene lavorato, arrivano con i loro Bulldozer, piantano un container e iniziano a costruire case e insediamenti israeliani.

Penso a Viky e alle galline che non avranno possibilità di correre via se un missile dovesse cadere su di loro, poi penso a Daoud, Amal, Daher, Hassan e tutti i palestinesi che hanno lo stesso destino. Io sono spaventata ma allo stesso tempo tranquilla, perché sono europea. Ho un passaporto che è una Golden Card. Un Passepartout. Ho l'adrenalina addosso che enfatizza la mia rabbia per il contesto che sto vedendo e mi rende ipervigile, ho i sensi in allerta.

Daoud mi richiama, ha un taxi da mandarmi. Prendo lo zaino già fatto, chiudo tutto e mi avvio a piedi verso il blocco di pietra. La strada che raggiunge la fattoria è bloccata, la solita colata di massi rende impossibile arrivarci in macchina. Vedo da lontano il taxi che si avvicina, arrivo al blocco di massi, scavalco e salgo sul taxi. Chiedo il nome al tassista, si chiama Sasha, è lui.

È sudato, ha gli occhi vitrei, e ride. Ride di una risata disperata, mi dice che a lui non frega nulla, alcuni li hanno ammazzati prima, altri li stanno ammazzando ora, e altri ancora verranno ammazzati domani. È il destino dei palestinesi, e ride. Intanto corre, il taxi vola sulle strade martoriate. Mi fa vedere un ponte che era stato bombardato un'ora fa, e le case lì intorno che avevano subito la stessa fine.

Ride ma ha gli occhi gonfi. Mi dice che sua moglie, un'insegnante che lavora ad Hebron è a scuola e non sa come rientrare, il checkpoint su quella strada è chiuso. Stamattina ha chiamato la scuola delle sue figlie e gli ha detto di andarle a prendere immediatamente, una studia lingue. Parla anche italiano, un pochino. Magari un giorno ci sarà modo di farsi una chiacchierata, e se volessero venire in Italia sarebbero miei ospiti, questo è sicuro. Non so se è più utopico che un giorno potremo farci una chiacchierata in Palestina, oppure che loro riescano a venire in Italia. Per i palestinesi della Cisgiordania uscire da lì è una peripezia, devono andare in Giordania via terra e prendere il volo da Amman. Perché per nessuna ragione, da anni, vengono fatti entrare in Israele. L'aeroporto Ben Gurion di Tel Aviv per loro è *off limits* da sempre.

Sasha è un frullatore di emozioni che non riesce a nascondere quando ad un certo punto sentiamo le sirene vicinissime. Apre il finestrino sul tettuccio del taxi ed urla, non di paura. Urla di adrenalina. Mi dice di guardare, di fare foto. Strisce bianche che paiono coltellate sferzano il cielo azzurro sopra Beit Jala. E poi esplosioni. L'Iron Dome intercetta i missili di Hamas e li fa esplodere proprio sopra le nostre teste.

Accelera sempre più, passiamo a fianco di un checkpoint chiuso, su e giù per le stradine e finalmente arriviamo a Betlemme. C'è gente che corre per strada, e poi c'è un gruppetto di bambini che se ne sta seduto sulle scale di una casa a bere un succo di frutta. A cercare una forma di normalità in una mattina di frenesia che sembra essere il preludio a qualcosa di grosso, a qualcosa di molto grave per tutto il Medio Oriente. E non solo.

Sasha cerca di farmi stare tranquilla prima facendomi notare il gruppo di bambini, poi dicendomi che è normale che io fossi spaventata, ma lui non lo è. Per i palestinesi questa è la vita, la normalità. Questa frase l'ho sentita ripetere più volte nei due giorni successivi. Tranquilla, per noi è normale.

Dopo una corsa forsennata che aveva l'aspetto di una fuga per la salvezza, arriviamo a Betlemme, via Amman, Beth e Charlotte mi aspettano per strada sventolando le braccia come a volermi mostrare il prima possibile un posto sicuro. Un po' come quando sei in mare aperto in mezzo a una tempesta e finalmente vedi la terraferma, come quando stai morendo di freddo e vedi un falò, come quando stai affogando e vedi una mano che ti trascina su un gommone.

Beth, mi accoglie come da anni accoglie palestinesi tra le mura del suo appartamento. Un abbraccio forte come quello di una nonna che farebbe di tutto per sua nipote, pago Sasha, mi mancano dei contanti ma lui dice che non fa niente. *Stay safe*, ci abbracciamo e se ne va.

Beth mi apre il cancello che dà su un cortile condiviso con altre famiglie, entro con il mio zaino sulle spalle e sento un cane rabbioso e ringhiante che mi corre dietro, e io in panico inizio a correre. Beth e Charlotte urlano, io dapprima corro forsennata e poi decido di fermarmi e di lasciarmi sbranare da quel pastore tedesco, non avevo altre forze da dedicare alla fuga.

Un po' mi faceva ridere la situazione, scappata dai missili ma azzannata da un cane. Mi sto per fermare e lasciare spazio al destino, quando sento lo squittio tipico dei giochini di gomma dei cani. Yasmin, la signora palestinese del primo piano, la proprietaria del cane sapeva come interrompere le sue ire. Il cane si placa e io con le gambe tremolanti come foglie al vento entro nella casa di Beth. Ha un paio di letti liberi, già fatti, quasi come se fosse pronta da una vita ad ospitare persone in cerca di rifugio. Mi prepara un tè inglese, ci tiene a sottolineare che il latte che ci mette è rigorosamente freddo. Ormai ho capito che questo è il mantra di Beth, il latte freddo nel tè caldo.

Ci eravamo conosciute la settimana prima a *Tent of Nations*, era stata con noi una giornata intera, aveva pulito le stanze che avrebbero dovuto accogliere i quaranta volontari per la raccolta delle olive, e poi avevamo pulito i ceci insieme. Sono arrivata a trentadue anni senza sapere come fossero le piante di ceci, una sorta di fieno con questi piccoli baccelli nei quali è racchiuso il cece. Quelle due ore, quei ceci, forse mi hanno salvato la vita.

Avevamo chiacchierato e alla fine eravamo rimaste che quel sabato sera ci saremmo viste a Betlemme per cenare insieme. E si abbiamo cenato insieme, ma non al ristorante palestinese come avevamo previsto. In perfetto stile inglese la cena è stata un sandwich auto composto con scelta libera tra cipolle, pomodori, cetrioli, mais, tonno piccante al curry, patatine, cioccolato, bibite e chi più ne ha più ne metta. Cena libera sul divano con la CNN in tv e Al Jazeera sul tablet.

Il pomeriggio facendo la conta delle provviste ci siamo accorte che forse eravamo un po' a corto di cibo, soprattutto considerato il tempo che saremmo rimaste chiuse dentro. Quindi io e Charlotte usciamo per andare al negozio di alimentari vicino per recuperare un po' di pane, due uova e qualche scatoletta di tonno. Charlotte in realtà aveva altre mire.

Charlotte, ex collega e amica da una vita di Beth, era appena arrivata da Manchester per passare un paio di settimane insieme alla sua amica. Non era la prima volta che veniva in Palestina, un po' girava e un po' dava una mano a Beth con le sue associazioni in sostegno al popolo palestinese e alle donne palestinesi. Capelli corti, grigi, lisci e ben pettinati. Aria seria ma animo ribelle. Aveva deciso che quel pomeriggio la sua priorità era trovare l'acqua tonica perché nella credenza di Beth c'era il Gin. A tratti mi è sembrato di essere in un film, città spettrale, il nulla cosmico intorno a me. Le sirene non suonavano più da qualche ora, c'erano in giro solo tassisti che chiedevano se avessimo bisogno di un passaggio. Il supermercato era mezzo vuoto, non c'erano uova né pasta. Prendiamo due cose al volo, non troppe perché non sapevamo quanto ci fossimo fermate ancora lì. E poi fuori, alla ricerca ossessiva dell'acqua tonica.

In un angolo di fronte al muro che separa Betlemme da Gerusalemme, c'è un hotel quattro stelle molto famoso, *The Walled Off Hotel*. È un boutique hotel progettato da Banksy ed altri designer famosi. Inizialmente era concepito come mostra temporanea ma nel tempo è stato riadattato ad Hotel. Storia controversa la sua, da una parte ha contribuito ad attirare numerosi turisti e l'attenzione internazionale su una condizione tragica e di disagio creata dal muro di separazione tra Israele e Palestina. Dall'altra, si affaccia con sfarzo e ricchezza sull'Aida Camp, uno dei campi profughi più grandi di Betlemme. Portaborse con i guanti in pelle bianca, statue d'oro, opere di gran valore, tanto che per passare una notte in questo hotel bisogna lasciare 1000$ di caparra, che ti verranno restituiti solamente dopo un'attenta valutazione dello stato della camera, dopo il check-out.

Personalmente provo sempre un grande disagio quando mi scontro con la ricchezza sfrontata occidentale che squarcia la realtà della vita quotidiana della gente che quei posti li vive giorno per giorno. Avrei voluto approfondire il punto di vista di chi nell'Aida Camp ci abita, avrei dovuto andarci quel sabato pomeriggio, momento in cui invece ero in giro con Charlotte a raccogliere provviste e a cercare l'amata compagna del suo Gin. L'ultima spiaggia di Charlotte è stata proprio il *Walled Off*, lei entra io sto fuori. Approfitto per chiedere a dei turisti se avessero delle notizie dell'aeroporto, e loro mi dicono che l'aeroporto è aperto, ma i checkpoint sono chiusi. Al momento non c'è modo di raggiungere l'aeroporto. Non che ci avessi pensato, era da mezzogiorno che non si sentivano più sirene né esplosioni, e Betlemme al momento era uno dei posti più sicuri. Chiusi dentro ma al sicuro.

In quel momento pensavo solo che io ero lì per scelta. Viaggiare per me è sempre stata una scelta di libertà. In libertà. Ci sono persone che in questa gabbia ci vivono da anni, e da anni vivono con consapevolezza la sensazione dei missili sulla testa senza la possibilità di poter scappare altrove, per loro è vita vissuta. Quotidianità. La possibilità di scappare dovrebbe essere uno dei diritti fondamentali dell'uomo, e in realtà una parte della convenzione di Ginevra sancisce proprio questo. Dà un nome e riconosce dei diritti a chi scappa, sono Rifugiati.

In realtà, per quanto mi riguarda, è un diritto inviolabile dell'uomo anche avere la possibilità di muoversi, la libertà di farlo senza che sia per forza uno stato di necessità. Eppure, non è così. Ci sono passaporti, come il nostro europeo, che ti permettono di andare dove ti pare e di rientrare immediatamente in caso di necessità. Che tu voglia andare a fare il pescatore alle isole Tonga, o il contadino in Australia. Se sei europeo puoi farlo. Viceversa, se sei membro di uno stato africano, ad esempio, è spesso impossibile raggiungere l'Europa per vie legali, perché il visto può costarti migliaia di dollari in posti dove lo stipendio medio è di solo qualche decina al mese. Oppure le pratiche che vengono richieste per attuare una via legale per giungere in Europa sono talmente macchinose e burocratizzate che i rispettivi stati non sono in grado di gestire la richiesta. E quindi, se proprio vuoi arrivare in Europa, spesso l'unico modo è incamminarti per deserti, stare mesi nei centri intermedi sulle rotte migratorie. Subire abusi e violenze, pagare pizzi a sorpresa, finché se Dio vuole, raggiungere la Libia e da lì mettersi in acqua per affrontare l'ultimo burrascoso tratto per entrare in Europa.

Esistono passaporti di Serie A che ti permettono tutto, ed esistono passaporti di Serie B che non ti permettono nulla. Legalizzano prigioni, e tolgono la sacrosanta libertà di poterti muovere. Di scappare.

Non è bello sentirsi chiusi dentro, ma a volte è utile provare questa sensazione. Condividerla con chi la vive tutti i giorni per dare il giusto valore alla parola Libertà, con la quale l'occidente tanto si riempie la bocca, ma della quale non ha mai provato l'assenza.

Finalmente Charlotte trova la sua acqua tonica, rientriamo in casa, e ci mettiamo davanti ai due schermi differenti. La televisione sulla CNN ci racconta cosa sta succedendo dal punto di vista occidentale. Sul tablet Al Jazeera, che ci racconta cosa sta succedendo agli occhi del mondo arabo. Visioni differenti, ma entrambe concordano che non sarà un fuoco fatuo, un piccolo falò come al solito. Sembra ci siano i presupposti perché scoppi un vero e proprio incendio.

Hamas per la prima volta nella storia del conflitto sfonda la barriera che divide Israele dalla Palestina, attacca via terra e via aria. Lancia l'operazione "alluvione Al-Aqsa" con migliaia di razzi su Tel Aviv e Gerusalemme. Al-Aqsa è la moschea simbolo del culto islamico situata nella spianata delle moschee a Gerusalemme. Piovono pietre e razzi dal mattino, i miliziani armati girano per le strade di Israele, attaccano i Kibbutz sul confine.

I Kibbutz sono comunità che nascono inizialmente in Palestina, ma poi prendono piede e si sviluppano in Israele, sono microsocietà a stampo socialista generalmente basate sull'agricoltura. Spesso sono realtà in cui vivono ebrei di sinistra, attivisti per i diritti palestinesi.

Con i deltaplani gli uomini di Hamas planano su un rave nel deserto, il festival di musica elettronica che celebrava la natura per la chiusura della festa ebraica del Sukkot nei pressi del kibbutz di Re'im. Tanti morti e centinaia di rapimenti, Hamas giura di uccidere pubblicamente un ostaggio per ogni bomba lanciata su Gaza.

Netanyahu, quasi non aspettasse altro, dichiara immediatamente guerra. La reazione massiccia ed immediata fa pensare che Israele fosse pronto a quel momento da tempo, senza guardare in faccia nessuno fa piovere migliaia di razzi sulla Striscia di Gaza. Dopo la brutta figura mondiale dell'intelligence israeliana, la reazione è senza precedenti.

Come consuetudine di decine di anni, subdolamente Israele dice ai civili palestinesi di scappare perché il loro obiettivo è quello di radere al suolo la qualunque.

Ora, i civili palestinesi causa checkpoint militarizzati non potevano uscire dai confini di Gaza già da anni, nemmeno i bambini. Nemmeno i bambini malati potevano uscire a curarsi. Ovviamente, oggi ancora meno, dopo l'attacco di Hamas anche il minimo spiraglio di possibilità di uscire da Gaza risulta blindato. Nessun civile può uscire verso Israele. L'annuncio del governo pare per questo particolarmente beffardo, più del solito. A Gaza l'unica via d'uscita è un piccolo corridoio verso l'Egitto, il Valico di Rafah, che viene immediatamente bombardato poche ore dopo questo annuncio, e ciò spinge l'Egitto a chiudere la frontiera.

Chiusi dentro.

I civili palestinesi sulla Striscia di Gaza sono chiusi dentro, e beffati dalla bella faccia del governo israeliano che li esorta a scappare. Ma li chiude dentro.

La Striscia di Gaza si estende per 360 km² di superficie popolata da 1.760.037 abitanti, dei quali 1.240.082 rifugiati palestinesi. Ha una densità di 5935 ab. /km². Più del doppio della densità di Roma. Poco meno della densità di Milano. Ma non stiamo parlando di una sola città, stiamo parlando di un territorio. Il governo israeliano ordina subito un blocco del cibo, della corrente elettrica e dell'acqua potabile all'interno della Striscia, violando in maniera netta i diritti internazionali.

Anche in guerra si può aver voglia di un gelato

La notte a casa di Beth scorre abbastanza tranquilla, e per quanto mi riguarda inizia molto presto. Ero distrutta e pensavo che anche le signore lo fossero, quindi verso le 21.30 prendo le mie cose e vado a dormire. Ascolto qualche minuto di *In altre parole*, il programma del sabato sera di Massimo Gramellini. Ci sono sempre ospiti che reputo molto intelligenti, e anche stasera mi viene confermata quest'idea.

Persone qualificate ed esperte di conflitti raccontano i fatti e analizzano il possibile evolversi degli eventi nelle ore successive, stavano raccontando aspetti che avevano senso e inizia a farsi avanti in me l'idea che sarebbe stato meglio andarmene da lì il prima possibile. La trasmissione finisce e io scivolo in un sonno poco profondo, fa caldo ma ho la finestra aperta che fa entrare un po' della piacevole brezza della notte. Da ieri pomeriggio il silenzio che pervade le vie di Betlemme è spettrale, le strade sono vuote, persino i gatti hanno deciso che è più sicuro stare al riparo che andare in cerca di cibo. A tratti mi angoscia quel silenzio perché evidentemente è qualcosa di straordinario, un clima che poteva essere ricreato solo da una guerra o da una catastrofe naturale. A tratti mi tranquillizza perché le immagini che arrivano dalla Striscia di Gaza non hanno nulla a che vedere con il silenzio e le strade deserte. Sono in una zona di conflitto ma mi rendo conto di non essere proprio nel cuore di esso.

Da quella finestra trapelava lo stesso silenzio inquietante del giorno prima, fino a quando, ad un certo punto il mio dormiveglia viene bruscamente interrotto da un mezzo a motore (mi sono immaginata fosse un camioncino) che arriva a tutta velocità e con una sgommata frena appena fuori casa nostra. Sento un gran vociare, almeno una decina di uomini che urlano e ridono, sento che corrono e si spostano affannosamente. Mi sembrano quasi delle voci e delle urla festaiole, di certo non urla di guerriglieri. Penso al motivo per cui un camioncino avesse dovuto arrivare fino a lì, del resto quella era diventata una strada a fondo chiuso da quando nel pomeriggio il checkpoint aveva serrato i battenti.

La sera avevo sentito delle notizie che non avevo immagazzinato bene dentro di me, probabilmente per personale quieto vivere, hanno parlato di rappresaglie per mano di entrambi gli eserciti anche nelle case dei civili. Mi viene un dubbio atroce, inizio a sudare freddo con l'orecchio teso a quelle voci delle quali non riesco a distinguere nemmeno la lingua. Non capisco se stiano parlando in arabo o in ebraico. Ma sono lì con l'orecchio teso e la mandibola serrata, e il terrore di sentirli entrare dal portone di casa.

Per fortuna questo non avviene, e dopo alcuni minuti che sono sembrati ore se ne vanno con la stessa sgommata con la quale sono arrivati. Piano piano riprendo sonno e fino al mattino non sento più nulla.

Non sono nemmeno le otto ma non ho più sonno, ho voglia di alzarmi e di ascoltare le notizie ai telegiornali. Entro nella cucina mezza buia nella quale sta trafficando Charlotte, evidentemente si sta preparando qualcosa da mangiare, finché di punto in bianco si gira e guardandomi in faccia caccia un urlo terrorizzato. Un urlo degno dei migliori film horror, di quelli che cacci quando vedi un cadavere.

Lì per lì ho pensato che la notte mi avesse sfigurata, passo la lingua tra i denti per accertarmi di averli ancora tutti attaccati, passo le mani tra i capelli per sincerarmi di non averli persi. Ma prima ancora di capire cosa potesse avere la mia faccia di così spaventoso, Charlotte fa un sospiro di sollievo. Non si aspettava di vedermi lì così presto e ha pensato potesse essere un soldato o un miliziano, l'ipervigilanza di quei giorni inizia a fare brutti scherzi.

Mi dice che per tutta notte ha avuto la sensazione che stessero passando degli aerei sulle nostre teste, stamattina invece ha realizzato che era il frigorifero che faceva il rumore dei caccia bombardieri.

La mattinata qua fuori è tranquilla, Beth e Charlotte mi chiedono se voglio andare con loro a messa. Sinceramente non è che abbia questa gran voglia di andare in chiesa, non ci vado da Natale '95, ma sicuramente uscire da lì è l'unico modo per cercare contatti e tassisti che possano portarmi in aeroporto. Quindi accetto l'offerta, mi vesto e salgo insieme a loro sul taxi per il centro di Betlemme.

Mi aspettavo una chiesa vera e propria, invece il taxi si ferma davanti ad un piccolo portone di un edificio come tanti. Sopra c'è scritto "La casa del pane", o qualcosa del genere. Ho capito solo allora che probabilmente si trattava di una chiesa evangelica.

Entriamo e ci accoglie il pastore, ci sediamo insieme a lui e a sua moglie in una tavola rotonda, ci offrono caffè e ci raccontano delle storie su Gesù e sugli aspetti straordinari della fede. Purtroppo mi perdo ben presto, io faccio sempre così, quando ci sono degli argomenti che non capisco tiro giù le serrande della mia mente. Beviamo, il pastore ci regala dei libri, e mi chiede se può darmi una benedizione. Forse ha visto qualcosa, nel dubbio gli dico di sì, che mi benedica pure! Mi prende la testa tra le mani e me la spinge indietro nella stessa posizione che odio quando la parrucchiera mi lava i capelli in quella sorta di lavandino intagliato. Faccio fatica a tenere il collo in quella posizione, uso tutta la mia forza per contrastare le mani del pastore che nel mentre recita delle parole che non capisco. Apro appena gli occhi e vedo alla mia sinistra Beth che a sua volta prega ad alta voce con gli occhi rivoltati indietro, a destra vedo Charlotte che mi guarda e cerca di nascondere la risata di gusto che sta per esploderle sulla faccia. Le avevo appena confessato che generalmente non vado in chiesa.

A me viene da ridere ma ho addosso gli occhi di tutti gli altri fedeli che man mano sono arrivati nella saletta, cerco di pensare alle cose brutte per non scoppiare a ridere, e dopo un paio di minuti la benedizione finisce. Mi sento tramortita da quella sorta di *thrust* osteopatico a cui stava per essere sottoposto il mio collo, ma tutti mi guardano compiaciuti, a parte Charlotte che finalmente può scoppiare a ridere.

Inizia la messa, noi siamo in un angolo con i testi tradotti in inglese, io sono preoccupata perché lì dentro il mio telefono non prende. Aspettavo notizie dal consolato di Gerusalemme e soprattutto non potevo sparire per due ore. Dovevo dare segni di vita ai miei famigliari e ai miei amici, quindi dopo un'oretta esco, e aggiorno i miei contatti in Italia. Sto bene, scusate, ero impegnata ed essere benedetta.

Sto giù venti minuti, poi risalgo, era brutto sparire così nel nulla e sia dia il caso che arrivo al momento giusto. La messa era finita adesso erano tutti intorno al tavolo a mangiare la torta, oggi era il compleanno di una signora della comunità e la moglie del pastore aveva preparato delle torte per l'occasione. Mi sono sentita un po' esagerata a repellere ogni aspetto delle religioni, questi momenti così comunitari e di inclusione mi toccano sempre il cuore.

Mi siedo insieme agli altri, faccio gli auguri e mangio la torta. Nel frattempo, mi raggiunge Nadine la moglie del figlio del pastore, parla inglese, mi chiede di me e mi racconta di quello sta succedendo nella Striscia di Gaza. Mi dice che è la prima volta nella storia che Hamas sfonda i checkpoint di Israele, non era mai successo prima. Mi racconta dei suoi figli, del suo lavoro, mi chiede com'è vivere in Italia, parliamo del mio lavoro e della mia famiglia. Sarei stata ore in quella conversazione ma Charlotte non sta bene e vuole tornare a casa, e Beth mi propone un giro per la città e un pranzo da qualche parte.

Vuole mangiarsi un gelato.

Saluto tutti e ringrazio, il figlio del pastore nel mentre mi ha dato il contatto di un tassista che conosce, mi dice sta lavorando anche oggi. Charlotte va a casa, io e Beth giriamo in una città spettrale. È tutto chiuso per lutto nazionale, non c'è nemmeno una bancarella di caffè in giro, solo taxi e qualche persona in cerca di provviste alimentari.

Beth non è una tipa arrendevole, giriamo in lungo e in largo tutta Betlemme, facciamo spesso pause perché Beth mi dice che fa fatica a camminare molto. Appena troviamo una panchina si siede e rifiata; dal primo giorno le ho notato una cicatrice lungo il petto che ha tutta l'aria di un intervento cardiaco. Ci muoviamo lentamente a caccia di ombra e gelato, nel mentre chiacchieriamo e facciamo foto come piccole parentesi di normalità turistica.

Beth è la mente, io il braccio. Lei scova locali dove poter mangiare e io vado a vedere se sono aperti; generalmente torno con la coda fra gambe ad annunciare cattive novelle. Ma ad un certo punto, dietro la fermata degli sherut per Gerusalemme vedo un piccolo negozio che non sembra chiuso, faccio una corsa a vedere e chiamo Beth per dirle di raggiungermi. È aperto. Non c'è dentro nessuno, se non i proprietari che puliscono e sistemano i tavoli. Ci dicono che fanno solo panini e Falafel, ma nell'angolo Beth ha adocchiato un frigo pieno di gelati. È ufficialmente il nostro posto. Ci sediamo e mentre aspettiamo che arrivino i Falafel sfruttiamo il Wi-Fi, Beth sente sua figlia e io cerco voli. È un gran casino perché ci sono voli di tutte le compagnie ma so che al momento rimane attiva solo la compagnia di bandiera El Al. Finalmente trovo un volo per il giorno dopo, alle cinque di mattino c'è volo per Malpensa da Tel Aviv, lo dico a Beth. Ho deciso, voglio provare a prenderlo.

Mi pento immediatamente di averlo detto proprio in quel momento, proprio mentre Beth stava gustando quel gelato che ha cercato per ore. Io ovviamente non pensavo di scatenare in lei una reazione così repentina, ma immediatamente molla il suo *Magnum* sul tavolo e inizia trafficare con il cellulare. Le dico di stare calma, di finire il suo gelato e che poi avremmo pensato ad organizzare i taxi. Ma non ci sente, Beth è un fiume in piena, chiama a destra e a manca, tira fuori numeri di telefono non so da dove. Faccio fatica a seguirla, lei continua a chiamare e il suo *Magnum* su quel tavolo sta diventando una macchia di latte e cioccolato. Ad un certo punto mi impongo, prima deve finire il suo gelato, poi pensiamo a tutto il resto. Non ho mai vissuto in guerra ma chi ci convive da tempo ci sta insegnando che si deve continuare a vivere anche sotto le bombe, che bisogna trovare i momenti per mangiarsi un gelato in santa pace, per ballare, per chiacchierare davanti ad un caffè e per accarezzare tuo figlio.

Mentre Beth ha deciso di darmi ascolto e si trangugia il suo gelato mezzo sciolto, mi chiama il Consolato di Gerusalemme dicendomi che l'indomani mattina ci sarebbe un volo per Catania. Quelli per Roma e Milano al momento sono pieni, anche se mi dicono che, se dovessi riuscire ad arrivare in aeroporto, sicuramente ci sarebbe qualche posto vacante perché non tutti riescono a prendere il volo che prenotano. Io spiego a Clarissa, la ragazza del consolato, che ho trovato i taxi e ora devo solo capire se c'è un qualche checkpoint aperto nelle vicinanze. Mi dice di mandarle i miei documenti e dirle in che checkpoint passerò in modo tale che possa iniziare ad avvisare le autorità locali che una cittadina italiana sta per passare e di non fare molte storie. Rimaniamo che ci aggiorniamo, nel mentre Beth è pronta e scalpita per tornare a casa, vuole andare a vedere se il checkpoint di fianco a casa mi farà passare.

Vietato fare programmi

Appena arrivate a casa Beth si cambia, come a vestirsi in assetto da guerra, e andiamo insieme ai tornelli del checkpoint.

La parte che prevede il passaggio delle macchine è chiusa, ma forse c'è una speranza per il passaggio pedonale sul retro. Arriviamo e troviamo solo un capannello di tassisti che vogliono portarci da qualche parte, non so dove, quasi si azzuffano. Io e Beth entriamo a piedi nei tornelli spostando di poco una transenna che chiudeva l'accesso. Non c'era nessuno e dopo poco ci rendiamo conto che non è una buona idea quella di andare avanti in quel corridoio che avevano chiuso, non è il momento di fare le spavalde. Così mestamente giriamo i tacchi e torniamo sui nostri passi, niente da fare.

Chiamo a casa ed avviso che i checkpoint sono chiusi, probabilmente oggi non riuscirò ad uscire dalla Cisgiordania. Inizia a montarmi un po' di rabbia, ma immediatamente mi sono immedesimata in tutti i miei amici palestinesi che ho conosciuto nei giorni scorsi e mi sono immersa nella loro quotidianità.

Pazienza, aspetterò.

Charlotte mi prepara un tè inglese consolatorio e nel mentre squilla il telefono di Beth, qualcuno la avvisa che al momento il checkpoint di Beit Jala è aperto ai turisti, mi chiede a che ora voglio partire. Io dico che non ho un orario, il volo è domattina presto, ma in qualunque momento fossero disponibili i tassisti io mi sarei fatta trovare pronta. Lo zaino non l'ho mai disfatto davvero.

Contemporaneamente mi arriva un messaggio di Clarissa che mi manda la posizione di un checkpoint aperto, era lo stesso. Bingo. Io ho poca fiducia perché si sa che i checkpoint non hanno regole, e anche se adesso è aperto può essere che tra cinque minuti sia chiuso, ragion per cui il volo, per il momento, non lo prendo. Aspetto di essere al di là del checkpoint. Jamal, il tassista palestinese, mi dice che passerà a prendermi alle sette stasera, ho tre ore di tempo per godermi il tè e immagazzinare un po' di energie.

Ma qui in Palestina c'è una regola chiara: mai star tranquilli. Infatti, nel bel mezzo del mio tè mi arriva una nuova chiamata dal tassista, mi dice che c'è stato un malinteso non può passare alle sette. Passa adesso, sta arrivando. Io sconvolta faccio parlare Beth per essere sicura di aver capito bene, e si mi conferma.

Butto giù al volo il tè, mi cambio la maglia, chiudo lo zaino e mi catapulto per strada. Mi viene da piangere, sto lasciando il posto più sicuro e le persone più rassicuranti delle ultime giornate per buttarmi nell'ignoto delle strade martoriate da un conflitto che sta crescendo di ora in ora. Adesso sì che sono da sola.

Abbraccio Beth e abbraccio Charlotte, non so davvero come ringraziarle. Mi accompagnano giù e mi salutano mentre salgo sul taxi, *Stay Safe* si raccomandano. Faccio una foto al volo alla targa ed all'ID del taxi e le mando a Clarissa, mi fa stare tranquilla tenerla aggiornata riguardo ogni mia mossa, ogni mio spostamento. Mi risponde subito, mi augura buon viaggio e mi chiede di aggiornarla.

Il tassista l'avevo già conosciuto quella mattina fuori dal negozio di Falafel, mi sorride in maniera tranquilla, mi dice che per loro è normale, di non preoccuparmi. Passiamo tra copertoni in fiamme e ragazzi che lanciano pietre per strada, capisco immediatamente quanto fosse più sicura casa di Beth.

Jamal mi fa vedere dove abita con sua moglie e i suoi tre figli, ma mi dice che stanotte ha dormito con tutta la sua famiglia dalla suocera in quartiere più in centro. Si scusa con me, era dispiaciuto per quell'esperienza che non mi avrebbe mai augurato e continua a ripetermi che per loro questa è la vita. Arriviamo in una strettoia con dei blocchi di cemento, di là vedo un taxi che *sfanala* dalla fretta e un uomo in piedi al telefono che scalpita. Jamal mi dice che lui è Karim il tassista che mi porterà a Tel Aviv. Pago, prendo lo zaino e lo saluto, *Stay Safe* si raccomanda.

Passo il blocco di cemento e saluto Karim, si scusa per la fretta ma quello non era un buon posto dove stare ad aspettare. Butto lo zaino nel bagaglio, faccio le foto di targa e ID per Clarissa e salgo a bordo. Clarissa mi risponde subito e mi dice che va bene, la targa è israeliana quindi non dovrei avere problemi. Poi mi chiede se anche il tassista lo sia, ma questo non lo so e sinceramente in questo momento non mi va di chiederglielo.

Ci avviciniamo al checkpoint e Karim è molto teso, mi dice che a questo checkpoint devo dire che arrivo da Faluma School, dice di non nominare Betlemme in alcun modo. Un ragazzino asiatico mentre mi punta il mitra mi chiede come mi chiamo e da dove arrivo, gli rispondo come suggerito da Karim, poi mi chiede da dove arrivi il signore che c'è seduto dietro.

Karim mi guarda impietrito, dietro non c'è nessuno ma il soldato forse non vede a causa dei vetri oscurati. Il soldato apre il portellone e sale inforcando il suo mitra, controlla che non ci sia nessuno, passa al bagagliaio e controlla il mio zaino. Poi torna guardare il mio passaporto e ci lascia andare. Karim mi guarda e scoppia in un sospiro di sollievo.

Andiamo verso il secondo checkpoint, adesso è meglio che io dica che arriviamo da Nazareth. Stessa scena di prima, stavolta ci troviamo davanti ad una soldatessa di vent'anni o poco più che con il suo mitra mi chiede da dove arrivo e come mi chiamo, dà un'occhiata al mio passaporto e mi lascia andare. Karim sorride, è contento per me e mi chiede a che ora partirà il mio volo.

Io realtà non avevo ancora prenotato nulla e lui, un po' sconvolto, mi dice di prendere adesso il primo volo che trovo, di prenderlo per qualunque parte del mondo basta che sia lontano da qua.

Io cerco ma è difficile perché mi si propongono tutti i voli possibili e immaginabili ma so che partiranno solo quelli della compagnia di bandiera. Quindi scorro e trovo il volo per Catania di cui mi parlava Clarissa, entro per prenotarlo ma nel bel mezzo della prenotazione mi dice che è pieno. Nulla. Continuo a scorrere ma non trovo nulla. Karim, nel frattempo, chiama un suo amico che mi trova un volo per Berlino a 600€, mi dice che a meno non troverò nulla e il rischio è che potrei non trovare nulla nemmeno a prezzi più elevati.

Sono indecisa, vorrei prenderlo ma non ho abbastanza contanti per pagarlo. Nel frattempo, non smetto di cercare e trovo un volo per Atene il mattino dopo. 200€ e me la cavo, lo compro. Karim è contento, io anche, e in un battibaleno siamo al Ben Gurion.

Situazioni fortunate e persone preziose

Saluto Karim, mi dice di salvarmi il suo numero perché se per qualche motivo non dovessi riuscire a prendere il volo, l'unico modo per uscire da quell'inferno sarebbe quello di andare via terra in Giordania. Mi dice che, se domani mattina dovessi essere ancora qua di chiamarlo che ci pensa lui a portami verso Amman. Mi carico lo zaino sulle spalle ed entro in quel marasma infernale chiamato Ben Gurion.

File che iniziano da ogni lato e che non si capisce dove portino, gente che urla e che si ammassa per terra. Chiedo al centro informazioni dove si possa comprare un biglietto aereo e la tipa con molta poca simpatia mi risponde che ovviamente devo prenderlo online. Mi sembra strano, ma non ho molte alternative.

Un volo ce l'ho, voglio solo guardare che non salti fuori qualche buco in qualche volo a breve, magari per Milano. Scorro cercando come data il 9 ottobre, domani, ma non trovo nulla di diverso rispetto a quello che ho già visto, poi mi viene un'illuminazione. Senza troppe aspettative mi metto a guardare se per caso ci fosse qualche volo oggi stesso, e guarda caso vedo un volo per Milano-Malpensa che sarebbe partito due ore dopo. Lo compro senza pensarci due volte avendo quasi la certezza che non sarei riuscita a superare check-in e controlli in così poco tempo. Però non potevo perdere quell'occasione, inserisco i dati del passaporto e della carta di credito mentre sono già in fila per il check-in. 250€ è il costo di quello che al momento è un miraggio, mando un messaggio ai miei, dico che ho comprato un volo per Milano che sarebbe partito stasera alle sette, ma solo un miracolo mi avrebbe fatta arrivare in tempo.

Sono in coda, vanno e vengono persone che non sanno bene che coda sia, c'è chi pensa sia il check-in, chi pensa sia la coda per comprare un volo e chi pensa sia la coda per i controlli. Io avevo capito fosse l'unica coda possibile per raggiungere i controlli aeroportuali prima del check-in, così mi armo di pazienza e cerco le mie mandorle in fondo allo zaino, quando sento qualcuno che mi bussa sulla spalla.

È un uomo di quarant'anni circa, che spinge un passeggino con un bimbo dentro, mi guarda e mi chiede se io fossi lì con qualche gruppo. Gli rispondo che no, sono sola. *Follow me* mi risponde, e inizia a districarsi tra le persone in fila, passiamo davanti a tutta la fila e raggiungiamo una ragazza ad un banchetto che è lì per i controlli della sicurezza.

L'uomo si gira e mi fa l'occhiolino, mi dice che gli devo tre ore di fila, quella dove eravamo messi era la coda dei controlli per i gruppi. Io lo ringrazio caldamente prima che gli occhi di sua moglie inceneriscano sia me che lui, saluto entrambi e vado ai controlli. Due domande di rito sul bagaglio, se avessi ricevuto regali, se avessi lasciato il bagaglio incustodito e se fossi a conoscenza del contenuto del mio zaino. La ragazza è stata molto gentile, si scusa per comportamento inappropriato di un signore mentre io stavo rispondendo alle sue domande, le auguro buon lavoro e mi metto in fila per il check-in.

Il tempo scorre inesorabile, manca un'ora e io sono ancora nel bel mezzo della coda per il check-in, l'hostess di terra dell'aeroporto chiama i passeggeri per Madrid, e io come la più ansiosa tra i viaggiatori le chiedo per Milano. Mi dice di stare tranquilla a breve mi chiamerà. Scorre il tempo e più lentamente la fila, non sento chiamate per Milano. Facilmente in quel casino non si sente bene, oppure fortunatamente il volo è un pochino in ritardo.

Arrivo finalmente al check-in e sento in quel momento che mi chiama, ma va bene dove sono, mi dice di star tranquilla che faccio in tempo. Io ho i miei dubbi ma altro non posso fare. Porto il mio zaino nella sezione "bagagli fuori misura" perché mi hanno spiegato più volte che i lacci dello zaino rischiano di rompersi nei rulli ordinari. Lascio lo zaino e corro verso i controlli al metal detector, arrivo e sul mio biglietto c'è scritto che l'imbarco sarebbe iniziato alle 18.15. Sono le 18.30 e la ragazza ai controlli mi chiede a che ora avessi il volo. Le rispondo alle 18.55, mi guarda stranita e va a prendere dei guanti in lattice.

Inizia quindi una lenta e inesorabile perquisizione. Apre lo zaino e con una lentezza snervante mi tira fuori qualunque cosa avessi nel mio bagaglio a mano. Macchina fotografica, maglia di ricambio, assorbenti, medicine, guida di Israele e le mandorle che tanto stavo cercando. Inizia a passare lo scovolino in cerca di droga in tutti gli anfratti più bui dello zaino, strofina in lungo e in largo e va alla macchina che esegue il test. Poi torna e spazzola da un'altra parte, e ritorna alla macchinetta. Esegue quest'operazione con tutta la calma del mondo cinque o sei volte, finché ad un certo punto va ad eseguire il test in un'altra macchinetta. Dentro di me stavo esplodendo, non mi avevano mai controllato in maniera così accurata, probabilmente avevo raccolto qualche sostanza in giro. Sicuramente aveva cambiato macchina per avere la conferma delle tracce che aveva trovato. Dopo alcuni minuti torna e mi chiede di smontare la macchina fotografica. Tolgo l'obiettivo e ci passa lo scovolino all'interno, volevo dirle che così facendo mi stava rovinando la lente, ma non ero nella posizione di poter dire nulla. Controlla anche quelle tracce e mi dice di prendere pure tutta la mia roba e di seguirla.

Il mio sguardo adesso è vitreo. Il respiro mi si è fermato.

Le chiedo dove dovessi seguirla e lei mi indica il rullo, mi dice di metterci tutto sopra e di passare sotto il metal detector, d'improvviso si è trasformato in un normale controllo pre-imbarco. Mi saluta e mi dice che posso andare. Non so esattamente quanto tempo sia passato, non ho tempo di controllare l'orologio ma rimonto la macchina fotografica, ricaccio tutto nello zaino alla bell'e meglio e inizio a correre al Gate B9, che giustamente è l'ultimo Gate, quello più in fondo ben oltre gli ultimi bagni. Corro come una forsennata, se non mi viene un colpo adesso forse ne sarò al riparo per i prossimi anni. Corro e nel mentre controllo di non perdere in giro il biglietto aereo e il passaporto che sto tenendo in mano per sicurezza. Sinceramente non ho più fiato quando sullo sfondo vedo il Gate B9 con le persone in piedi in coda che stanno aspettando di essere imbarcate. Scrivo a casa, apparentemente ce l'ho fatta, sto imbarcando. Avviso Beth, Karim, i miei amici, e scrivo anche a Clarissa. Le dico che mi sto imbarcando e la ringrazio per la sicurezza che mi ha trasmesso in questa giornata di follia, mi dice che è il loro lavoro ma è contenta che mi sia sentita serena.

Finalmente salgo, mi siedo e cerco di ridurre i litri di adrenalina che mi stanno scorrendo nelle vene.

Il senso di colpa dei sopravvissuti

Finalmente appoggio il mio sedere sull'aereo e quasi non mi sembra vero, avviso casa, dico che sono sull'aereo e tra quattro ore sarei arrivata a Malpensa, dopodiché metto il cellulare in modalità aerea. Mi metto le cuffie con la mia musica preferita, ma nonostante questo riesco a sentire il ragazzo alla mia sinistra che borbotta e bestemmia dietro a dei bimbi che si agitavano nei sedili posteriori.

Mi turba non poco, non siamo ancora partiti e già iniziamo male, non è che stessero facendo nulla di particolare e comunque eravamo in una situazione un po' al limite e mi sarei aspettata un po' più di comprensione da un uomo adulto. Ma cerco di isolarmi e di non dargli corda.

Alla mia destra c'è un ragazzo apparentemente ebreo che sta vedendo dei video comici sul cellulare, ride.

L'aereo parte e io mi metto a guadare fuori dal finestrino le luci di Tel Aviv e di tutte le case delle persone che ci vivono, poi penso alla fattoria e a Yasmin, la signora palestinese vicina di casa di Beth. Penso alle bambine che ho conosciuto stamattina a quella messa evangelica, penso a Fatima, penso a Viky che ho lasciato chiuso nel recinto con troppo poco fieno, penso a Gaza.

Sento due emozioni forti e opposte dentro di me, la felicità di tornare a casa e il senso di colpa per essere corsa via come un coniglio alle prime bombe sparate. Ero andata a dare una mano e l'ho fatto finché è stato facile, finché è stato un gioco. Quando la questione si è fatta più ardua non ho esitato a scappare. Razionalmente so di aver fatto la scelta giusta per me, per chi mi vuole bene e anche per chi sarebbe dovuto venire a prendermi in caso le cose si fossero messe male. Razionalmente lo so, ma non riesco a non pensarci.

Oggi mi sono stati buttati in faccia tutti i privilegi che una trentenne bianca ed occidentale può ricevere gratuitamente. Poche domande ai checkpoint, poche domande ai controlli, gente che ha rischiato tutto pur di aiutarmi e che probabilmente sarà ancora chiusa nello sgabuzzino degli interrogatori.

Penso a Fatima, la vedo sdraiata sul pavimento dell'aeroporto che guarda le scarpe che passano, sicuramente oggi avrebbe visto gli scarponcini neri di una ragazza occidentale che ha avuto la fortuna di avere la pelle chiara, gli occhi azzurri, di non avere l'aspetto islamico, di avere un passaporto Europeo. Le scarpe di una ragazza che ha comprato un volo alle 17.00 e si è imbarcata alle 19.00. Che ha fatto la sua bella comparsa in Palestina ma poi quando la situazione si è messa male è corsa via.

Immaginavo che il senso di colpa sarebbe potuto comparire e sto cercando di dargli l'importanza che ha, sto cercando di razionalizzarlo e di cacciarlo in un angolino piccolo della testa. So che esiste e so che passerà, ma mentre guardo fuori dal finestrino sento addosso tutto l'imbarazzo di essere una privilegiata e smetto di trattenere quelle lacrime che da qualche minuto mi stanno riempendo gli occhi.

Casa

Sono a casa, ma non c'è nulla da festeggiare.

Sono a casa perché il mio passaporto, quello Europeo è una Golden Card. È un passepartout. Perché esistono passaporti di Serie A che ti aprono le porte del mondo e passaporti di Serie B che ti chiudono ogni opportunità. Anche quella di salvarti la pelle.

Sono a casa perché c'è un popolo meraviglioso che si è fatto in quattro per farmi uscire dall'inferno al quale sono condannati. Hanno affrontato le strade a ferro e fuoco, i controlli dei mitra dell'esercito ai checkpoint, hanno lasciato i loro cari per darmi la possibilità di scappare.

Un tassista palestinese mi ha accompagnata fino ad un piazzale imboscato dietro un checkpoint coordinandosi con un tassista israeliano che mi ha aspettato dall'altro lato della staccionata. Mi ha caricata in macchina e prima di arrivare ai checkpoint mi suggeriva le risposte da dare. Si è esposto insieme a me a dei ragazzini poco più che ventenni, che con un mitra in mano hanno setacciato il suo taxi e il mio bagaglio; ma sono fortunata, ho un passaporto forte. Durante il viaggio verso l'aeroporto Karim continua a ripetermi di comprare il primo volo che trovo, per qualunque posto che non sia qui.

Sono a casa perché non ho l'aspetto di una mussulmana, non ho un nome arabo né la pelle scura. Perché si, funziona ancora così e Fatima ce lo ricorda.

Parliamo della violenza di Hamas, perché è una cellula terroristica sempre più organizzata che ha colpito civili, anche israeliani attivisti per i diritti dei palestinesi. Ma parliamo anche della violenza istituzionalizzata di uno stato che si spaccia per democratico ma che segrega e uccide esseri umani da anni, cancella identità.

Il fronte comune di due eserciti opposti

Oggi arrivano notizie devastanti dal Medio Oriente, si stanno scoprendo delle vere e proprie tombe a cielo aperto. Al Nova Music Festival, il rave party vicino al Kibbutz di Re'im che ogni anno celebra la natura per la festa ebraica del Sukkot, migliaia di giovani stavano festeggiando le prime luci dell'alba. I miliziani han fatto irruzione via terra e via aria, e planando con dei deltaplani hanno sparato sulla folla facendo centinaia di morti e decine di ostaggi.

Non faccio altro che pensare che in quel momento io ero affacciata dal pianale della fattoria e guardavo verso Gaza. Vedevo i missili e mi tremava tutto, le mie orecchie erano gonfie di sirene. Gli animali impazziti. Ma non capivo. Non sapevo nemmeno l'esistenza di questo rave, anche se qualcuno mi aveva accennato che quel giorno si sarebbe concluso il Sukkot. Qualche giorno prima in realtà stavo organizzando le gite che avrei voluto fare, e stavo prendendo in considerazione di visitare qualche Kibbutz sul confine della Striscia di Gaza.

I Kibbutz sono della comunità egalitarie nelle quali vivono ebrei generalmente di sinistra, mettono tutto in comune. Spesso l'attività principale è una fattoria, oppure una fabbrica, e l'operaio e l'amministratore delegato prendono lo stesso stipendio. Hanno tutti la stessa tipologia di casa, mangiano tutti insieme in una mensa condivisa, ed ognuno ha il suo ruolo nel mantenimento della comune. Molti degli attivisti ebraici che si battono per i diritti dei palestinesi vivono proprio nei Kibbutz, in questo territorio che confina con l'inferno più terribile della Palestina.

Oggi arrivano notizie anche del rapimento o della morte di alcuni di loro, Vivian Silver ad esempio è un'attivista israeliana che viveva nel Kibbutz di Be'eri, ha dedicato la sua vita ai bambini di Gaza. Qualche giorno fa ha organizzato una gara pacifista a Gerusalemme che ha coinvolto oltre mille donne israeliane e palestinesi. Non si sa più dove sia, forse è morta. Forse rapita.

Questa storia mi riporta immediatamente alle cinquanta piante di ulivo che nel luglio del 2021 sono stata abbattute da bulldozer israeliani e alla storia che ha portato a ripiantarne altre cento. Un giorno una comunità ebraica statunitense chiama Daoud e gli dice che sono molto dispiaciuti per quello che è successo nelle loro piantagioni, quello che fa il governo di Israele non lo fa di certo in nome loro ed hanno chiesto come potevano ricambiare. Il mese dopo in fattoria sono arrivate queste piante nuove e giovani, pronte per essere a dimora, simbolo di popoli che stanno uniti nonostante il mondo cerchi di metterli contro. Lo stesso è avvenuto l'anno successivo, questa volta la comunità ebraica non era statunitense ma britannica. Stessa dinamica, stessa solidarietà.

C'è chi è segregato e mastica rabbia da anni, chi invece è rappresentato da un governo segregazionista nel quale non si rappresenta. C'è un fronte comune di due eserciti opposti.

C'è la politica internazionale che vuole schierarsi ad ogni costo, e poi c'è Jamal che passa un pomeriggio al telefono con Karim per darsi appuntamento poco dietro il checkpoint di Beit Jala, per darmi la possibilità di scendere dal taxi palestinese e salire su quello israeliano, e poter arrivare in aeroporto il prima possibile. C'è chi condanna il terrore e chi condanna un'etnia. Il dramma dell'olocausto non può averci insegnato che c'è una religione o un'etnia da difendere ad ogni costo, ma piuttosto deve averci insegnato che la diversità è ricchezza, e che il concetto di razza è da bandire dalla faccia dell'universo. Che non importa a che Dio ti aggrappi. Se ti aggrappi ad un Dio o semplicemente alla fisica nucleare. Che le minoranze e le diversità vanno tutelate perché di mosaici con tasselli tutti dello stesso colore non ne ho mai visti, e i miei preferiti sono quelli con qualche tassello un po' sbeccato.

Quando sono partita per questo viaggio che si è rivelato molto più breve e molto più intenso del previsto, avevo il desiderio di stare in mezzo al popolo, di capire qualcosa in più sulla vita delle persone in questa terra già martoriata. Avevo portato questo quaderno perché volevo scrivermi minuziosamente tutte le ricette palestinesi che avrei cucinato insieme ad Amal, e le ricette Kosher che avrei cucinato in quella serata che avevo organizzato a Tel Aviv in una comunità ebraica ultraortodossa. Mai più avrei pensato che sarei finita con lo scrivere queste banalità assolute che mi vergogno anche solo di pensarle, perché per quanto mi riguarda erano concetti superati da anni.

E invece siamo ancora qua.

Ogni mezzanotte

Un boato forte e netto interrompe bruscamente il mio sonno profondo, apro gli occhi e inizio a tremare. Il mio torace trema più forte di ogni altra parte del corpo, sbatto come fossi tarantolata, dopo alcuni secondi mi iniziano a tremare anche le gambe e le braccia. Il letto sotto di me sembra essere una foglia al vento, sento il rumore dei mobili e delle stoviglie che tintinnano nella credenza. È un terremoto, non ho dubbi. Penso ai miei famigliari, a mia nonna che vive da sola, a mio nonno che è infermo in un letto, come faranno a metterlo in salvo? Intanto qui non smette di tremare, so che mi devo alzare e devo correre giù, non è una scossa leggera né passeggera, sembra interminabile. Devo scendere ma la paura mi sta bloccando, non riesco a muovermi.

Cerco di sentire fuori, se nel viale sotto casa inizia a scendere qualcuno, ed effettivamente si sente un po' di vociare in lontananza. Trema tutto, continua a tremare tutto, quando finalmente mi sblocco dalla mia immobilità prendo il telefono prima di correre giù, ma grazie a Dio, d'un tratto, smette.

Con la stessa violenza con cui era iniziato, ora è finito. Mi siedo sul letto e mando un paio di messaggi alle mie amiche e alla mia famiglia. Chiedo come stanno, se sono tutti fuori, li avviso che sono sveglia di stare tranquilli che ora esco anche io. Ma loro mi rispondono che non sanno di cosa io stia parlando, mi dicono che loro non hanno sentito nulla, forse la scossa era leggera e dormicchiando sul divano probabilmente non l'avevano percepita. Per me era impossibile, la forza della scossa del terremoto mi aveva svegliata come fosse un bombardamento, la potevo toccare con mano, sentivo persino i miei vicini che erano usciti dal portone sotto casa. Cerco prove, in internet di solito si trova tutto e in tempo zero, ma al momento nessuna notizia di terremoti in Brianza. Aspetto, sicuramente è una notizia troppo fresca, la metteranno a breve.

Qualche giorno dopo un altro boato forte e netto interrompe di nuovo il mio sonno profondo, apro gli occhi e inizio a tremare.

Come al solito parte il petto che trema forte, viene scosso come la vela di un catamarano nel mezzo di una tempesta. Inizialmente penso al cuore troppo violento, se dovesse continuare a battere così forte potrebbe spezzarmi le coste. Poi pian piano iniziano a tremare le braccia e le gambe, e i mobili tutto intorno a me. Avrei gridato al terremoto, ma ormai ne ho vissuti abbastanza per rendermi conto ancora nel dormiveglia, che non c'è nessun terremoto.

Sono io che tremo. E qualche giorno dopo ancora, ogni tanto nel cuore della notte, mi risveglio in Palestina il 7 ottobre.

Sto imparando a gestire questi eventi che mi colgono alla sprovvista intorno alla mezzanotte di giornate normali, dove la più banale delle quotidianità è stata la protagonista della giornata. Mi metto in un'attesa passiva, aspetto che il mio corpo smetta di tremare da solo, ed è così che fa. Trema per qualche interminabile secondo, e poi smette da solo. Sarà la troppa caffeina, sarà una forma di ansia, sarà qualche carenza di magnesio o qualche brutta malattia, domani sentirò la mia dottoressa ma nel frattempo nessuno mi toglie dalla testa che c'entri qualcosa con quel brusco risveglio in fattoria.

Questi terremoti fasulli mi riportano in tempo zero a quel mattino del 7 ottobre, al brontolio del cielo, al tetto del cascinotto che tremava, alla mia branda che mi scuoteva, al cane che mi correva incontro con la forza della sopravvivenza, alle sirene, ai funghi di fumo, alla voce di Amal che mi dice di non muovermi per nessun motivo, al ragliare straziante di Viky, al pane secco per le galline, ai fichi che seccheranno al sole senza essere colti, alle uova che rimarranno in cova per mesi, allo sfrecciare del mio taxi tra i palazzi sgretolati, all'Iron Dome che sopra le nostre teste faceva esplodere i missili in cielo prima che toccassero terra, al caffè al cardamomo bevuto troppo in fretta.

Prendo il cellulare per vedere che ore sono, è mezzanotte come sempre. Apro whatsapp per scrivere alle mie amiche che c'è stato un altro terremoto. Scorro e rivedo il messaggio di Hassan, ogni tanto mi scrive, e stasera mi ha scritto così:

"Hi, how are you my female friend? We still with the same situation, our life is very bad, I swear to God if I can leave my country I will do it, here we live like animals it's fucking life".

Giura su Dio che, se solo potesse lasciare la Palestina, il West Bank, lo farebbe ora. È una vita da bestie, questa vita fottuta.